I0839932

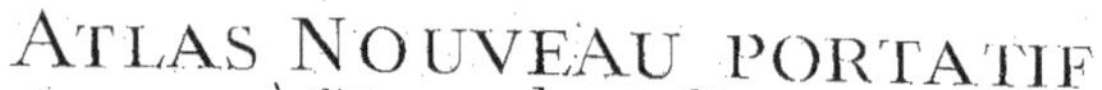

ATLAS NOUVEAU PORTATIF
à l'Usage des Militaires
Colleges et du Voyageur TOME I.er
Contenant 91 Cartes Dressées sur
les Nouvelles Observations
Dedié
AU ROY.
Par son tres-humble & tres-obeissant
serviteur G. le Rouge
Ingenieur Géographe du Roy.
A PARIS
rue des grands
Augustins.
In magnis voluisse sat est. A Paris.
Chez Le Rouge rue des Augustins.

INTRODUCTION

A LA

GEOGRAPHIE,

Par le Sieur LE ROUGE, *Ingénieur Géographe du Roy.*

A PARIS,

Chez
- L'AUTEUR, rue des Grands Augustins.
- PRAULT le Fils, Quay de Conty.
- La Veuve ROBINOT, Quay des Augustins.

M. DCC. LVI.

AVEC APPROBATION ET PRIVILEGE DU ROI.

AVERTISSEMENT.

IL y a tant de differents Traités de Géographie, que j'ai cru inutile d'en grossir le nombre par un Dictionnaire de descriptions, & de catalogues ; & comme il est impossible de bien apprendre cette Science sans avoir de bonnes Cartes, je me suis principalement attaché à en donner de plus exactes que celles qui ont paru jusqu'à présent. Les changemens que j'y ai apportés sont si considérables, que plusieurs Amis curieux m'en ont demandé les raisons, & m'ont obligé de mettre la main à la plume pour les satisfaire, comme on le verra ci-dessous.

Vouloir apprendre la Géographie sans de bonnes Cartes, c'est vouloir raisonner figures sans avoir jamais appris le dessein. J'ai vû des jeunes gens, dont on vantoit beaucoup l'éducation, & qui avoient étudié plusieurs Traités de Géographie, qui avoient même eu pour Gouverneur l'Auteur d'une certaine Géographie : Ils sçavoient parfaitement que la Bourgogne étoit bornée au Nord par la Champagne, à l'Orient par la Franche-Comté, au Midi par le Beaujolois, & à l'Occident par le Bourbonnois & le Nivernois ; mais quand je leur demandois la position du Bourbonnois par rapport à la Normandie, & la proportion de leurs grandeurs, ils étoient desorientés, & ne sçavoient que répondre, parce qu'ils n'avoient point étudié les Cartes ; ils ne connoissoient ni les sables, ni les sondes, ni les dangers, ni les chemins, ni les Canaux d'une Carte Topographique, ce qui ne fit, à la vérité, pas trop de plaisir aux Peres. C'étoit une nouveauté pour eux qu'une Carte bien détaillée, & ils n'en sçavoient faire aucun usage. Je ne prétends point rejetter les Traités de Géographie, au contraire je prouverois leur utilité ; mais sans de bonnes Cartes, il est impossible de parvenir à une connoissance parfaite de cette science. Un Atlas en grandes feuilles revient à 75 livres, & paroît souvent trop cher ; aussi ai-je réduit presque toutes mes grandes Cartes en petit point, afin de les pouvoir donner à meilleur Compte ; il est vrai qu'elles n'ont point tout le détail des grandes, mais on les croit au-dessus des petites qui ont paru jusqu'à présent. Voici les changemens que j'ai faits dans mes grandes Cartes. J'ai renfermé dans l'Europe, suivant l'Académie de Petersbourg, les Provinces de Boranday, de Jugarie, de Permie, de Zirannie, de Czeremisses, & j'ai dressé la France sur les observations de M. Cassini, & les côtes des mers sont réformées sur les nouvelles Cartes que M. le Comte de Maurepas a fait graver depuis dix ans.

Les plus célebres Géographes terminoient l'Asie sous le cent soixantiéme dégré de longitude ; aujourd'hui nous sçavons que ces terres s'étendent plus de cinq cens lieues vers le Nord-Est, & qu'elles contiennent le Kamschatka, le pays des Schelati, des Juxair, Cruczy, &c. découvertes que nous devons au Czar Pierre, à Jakutha, à Dobrovin, à Boro-

daukin & au Capitaine Berings, qui a pris un point au deux cent cinquié-
me dégré de longitude, & par conféquent dans l'autre Hémifphere. L'ifle
Sagalien où l'Ifle d'Amour, la Terre de Yello font encore des découvertes
des Mofcovites. M. Kirilovv, Secrétaire du Confeil à Petersbourg eft le
premier qui nous en ait fait part, auffi bien que du Kamschatka, &c.
Parmi les Cartes du R. P. Duhalde, il y en a une des mêmes contrées. Le
célébre Hafius a pris les Mofcovites pour guides dans fa Carte d'Afie, &
dans celle de l'Empire de Ruffie. Il y a quelques années que j'ai eu l'honneur
de préfenter à un Miniftre fort éclairé un très-grand nombre de Cartes ma-
nufcrites de ces pays-là, lefquelles m'étoient tombées entre les mains. Elles
ont été reçues avec beaucoup de fatisfaction, & le Miniftre me combla de
bienfaits.

Dans ma Carte d'Afrique, le cours du Nil eft beaucoup plus connu
qu'il ne l'étoit autrefois. Les obfervations des Hollandois, Portugais &
Efpagnols m'ont donné lieu de réformer en bien des endroits les côtes de
cette partie du monde,

L'Amérique Septentrionale contient les découvertes faites par les Anglois dans la Baye d'Hudfon en 1741. On n'y connoiffoit point autrefois la Riviere de Wager, ni la Baye repulfée fous le cercle du Pole Arctique. Dans la même Baye, & vers le Cap du Nord, eft une grande Ifle de
cent lieues de long, qui étoit jadis regardée comme une partie du continent. Ces découvertes ont été publiées à Londres en 1741.

Le Pere Charlevoix nous a donné plufieurs Lacs & Rivieres vers l'Occident du Canada, comme la Riviere de l'Oueft, les Lacs Affiniboels,
Chriftinaux, &c. que j'ai eu foin de marquer fur ma Carte.

Dans l'Amérique Méridionale, le cours du fleuve des Amazones, & fa
communication avec l'Orinoque par Rio-Negro eft tiré de M. de la Conda-
mine de l'Académie Royale des Sciences, nouvellement revenu de ce
pays-là. On trouvera dans ma Carte des changemens confidérables, depuis
fa fource jufqu'à fon embouchure, fur-tout au Para, où plufieurs célebres
Geographes ont marqué autrefois une quantité de petites Ifles, au lieu
d'une grande, nommée Ifle de Marago.

Ce qui eft dit ici des quatre parties fuffira pour la Mappemonde, puif-
que l'une n'eft que la réduction des autres, & refpectivement. Notez,
qu'il y a de plus dans la Mappemonde au Nord de la Laponie le Spitzberg,
fuivant les découvertes des Hollandois; le Cap de la Circoncifion, découvert par les Vaiffeaux de la Compagnie, au Sud du Cap de Bonne Ef-
pérance.

L'Amérique Septentrionale de Pople eft fort eftimée en Angleterre. Les
Colonies des Anglois y font affez bien repréfentées. J'ai traduit cette
Carte de l'original Anglois avec beaucoup de foin.

Les Ifles Britaniques, de même que les trois Royaumes féparés, font
traduites fur les Cartes de Vifcher, qui avoit réduit les grandes Cartes
d'Angleterre.

Les Environs de Londres font tirés de la Carte Angloife ; les Etats de Mofcovie, de Hafius, & de la Carte publiée à Petersbourg par Kirilovv, à laquelle toutes les Académies ont ajouté foi.

La Finlande eft tirée d'une Carte Hollandoife ; on y a ajouté les Villes nouvelles de Wilmenftrand, & Frederichsham.

Les XVII. Provinces font tirées d'une Carte de Homann.

Les VII Provinces-Uniès, fous le nom de Hollande, font prifes fur les Cartes de Vifcher.

Ma Carte de la Hollande en douze féuilles eft tirée des meilleures Cartes que j'aye pû trouver en Hollande même. J'ai rapporté ce qui étoit le plus détaillé, fur la même échelle, & j'en forme deux Cartes de fix feuilles chacune pour la commodité des curieux, ou bien on la debite en feuilles pour les Atlas. Dans cette même Carte, j'ai introduit la Hollande de 20 feuilles par Covens & Mortier ; & les Géographes de l'Europe n'ont jufqu'à préfent donné les fept Provinces qu'en une feuille fur la même échelle.

La Zélande d'une feuille, tirée de Devvirt eft fort détaillée, & fert de clef à celle de neuf feuilles, qui eft Topographique, c'eft-à-dire, développée autant qu'on peut le défirer. Cette Carte forme un Volume pour la poche, de même que la Hollande en 12. feuilles.

La Flandre d'une feuille eft une réduction de la fameufe Carte de Frix en 24 feuilles, elle fert de clef à une autre de fix feuilles, qui eft paffablement détaillée.

La Chatellenie de l'Ifle eft corrigée & augmentée fur une édition de M. Frix.

Le Brabant d'une feuille eft dreffé fur les meilleures Cartes de Frix, de même que le Brabant de quatre feuilles, que j'ai augmenté jufqu'à Nimegue fur les plus exactes Cartes de Hollande.

La Carte Topographique, entre Charleroy & Philippeville, eft unique, elle contient 48 lieues quarrées, tous les chemins, bois & maifons y font exactement marqués, c'eft l'ouvrage de plufieurs habiles Ingénieurs.

La Carte Topographique des environs de Namur eft faite par les mêmes Ingenieurs, elle contient 42 lieuès quarrées : tout y eft bien développé.

La France eft tirée des nouvelles obfervations de M. de Caffini, divifée en 39 Gouvernemens militaires. On avertit que les paralelles n'ont pas été des mieux exécutés par le Graveur, il faut qu'ils foient un peu plus circulaires ; on fe propofe de corriger ce défaut dans la feconde édition.

La Lorraine eft dreffée fur les obfervations de Meffieurs de l'Académie, & fur plufieurs Mémoires qu'on a bien voulu me communiquer de ce Pays-là ; fes limites font fort différentes des anciennes, les Poftes y font exactement marquées.

L'Alface, Carte Topographique en cinq feuillès, a été levée fur les lieux par plufieurs habiles Ingénieurs ; les chauffées, les chemins, les fentiers, les bois, prés, villages y font fort détaillés. Cette Carte eft très-goutée en Alface, & s'y débite avec beaucoup de fuccès.

La Boheme de Muller, réduite fur la grande Carte de 25 Feuilles, fait la fatisfaction des connoiffeurs. L'original eft fi connu depuis la guerre, qu'on me difpenfera d'en faire ici l'éloge. Tout le monde convient qu'on ne reconnoît plus les Anciennes Cartes.

Le cours du Rhin, de Conftance jufqu'à Bafle, & de Philisbourg jufqu'à Mayence en quatre feuilles Topographiques, a été levé fur les lieux avec tous les foins poffibles. Le détail eft parfait ; ces feuilles font fort eftimées à Bafle & à Manheim.

L'Etat de Genes en deux feuilles eft dreffé fur la fameufe Carte de Chafrion, imprimée à Milan. On y trouve la Bochetta, la Toraffa, la Turbie, & une infinité d'autres pofitions qui n'étoient pas marquées fur les anciennes Cartes. Les autres Cartes font dreffées fur les obfervations les plus nouvelles, corrigées & augmentées autant qu'il a été poffible de le faire.

L I S T E

Des différents Ouvrages qui fe trouvent chez le Sieur Le Rouge.

LEs Campagnes de 1733, 34, 35. un vol. *in-4°.* Oblong, contenant foixante-cinq Plans différens, des divers Camps, Siéges & attaques, avec un journal de ce qui s'eft paffé pendant les trois Campagnes. Prix dix livres.

CARTES qui compofent un grand Atlas , & qui fe vendent auffi féparément.

Le Titre, le Monde, l'Europe, l'Afie, l'Afrique l'Amérique, l'Amérique de Pople ; les Ifles Britanniques, l'Angleterre, l'Ecoffe, l'Irlande, les Environs de Londres, la Mofcovie, la Finlande, les XVII. Provinces des Païs-Bas, la Hollande une feuille ; la Hollande douze Feuilles ; la Zelande une feuille, la Zelande 9. feuilles, la Flandre une feuille ; la Flandre fix feuilles, la Châtellenie de l'Ifle, les Environs d'Oudenarde, le Brabant une feuille, le Brabant 4. feuilles, les Environs de Charleroy, les Environs de Namur, le Luxembourg, la France, la Champagne, la Lorraine, l'Alface une feuille, l'Alface 5. feuilles, le Dauphiné, la Provence, l'Allemagne & l'Italie par fucceffion, l'Allemagne par cercles, l'Allemagne par Etats Eccléfiaftiques, l'Allemagne par Religion, le cours du Rhin en 2. feuilles, la Boheme, la Moravie, la Silefie, la Hongrie la Stirie, la Carinthie, le Carniol, le Tirol, la Baviére, l'Archevéché de

Saltzbourg, la Saxe, l'Electorat de Mayence, la Franconie, la Souabe, la
Weftphalie, l'Electorat de Hanover en 2. feuilles ; la Pruffe, la Pologne,
le cours du Rhin de Bafle jufqu'à Conftance, une feuille ; le cours du Rhin
de Philisbourg jufqu'à Mayence, 2 feuilles; l'Italie, la Savoye, le Piémont,
le cours du Pô 2 feuilles; la Lombardie, l'Etat de Genes, 2 feuilles, la
Tofcane & l'Etat du Pape, le Royaume de Naples & de Sicile ; les environs de Paris d'une feuille, l'ifle de Sardaigne; environs de Lifbone deux
feuilles ; Canada & Louifiane une feuille; Acadie ou Nouvelle Ecoffe pré-
tendue ; Amérique Septentrionale en huit feuilles, traduit du fameux
Mitchel.

ETAT DES PLANS.

Gand, Courtrai, Ath, Attaques de Namur, de Mons, d'Anvers, d'Of-
tende, de Furnes, d'Oudenarde, de la Kenoc, de Nieuport, d'Ypres,
de Menin, de Dendermonde, de Tournay, de Maftricht, de Bruxelles,
de Berg-op-zoom, de Coni, de Genes, de Fribourg, de Prague, d'Egra,
de Cartagenes; Plan de Liége, de Charleroy, Malines, Bruges, Saint
Guiflain, Louvain, Lille, Mons, Breda, Bois-le-Duc, Midelbourg,
Heufden, Gertruidenberg, Savonne, Luxembourg, Briffac, Vienne, Pi-
feck, Villes de Silefie, Batailles de Molvitz, de Sahai, de Czaflan, de
Sohr, de Campo-Santo, de Dettingen, de N. D. de l'Orme, de Fonte-
noy, de Rocoux, de Lavfeld; la retraite de M. de Belliffe de Prague à Egra;
la marche de M. de Saxe pour inv* tir Maftricht ; environs du Fort Beau-
féjour près l'Acadie ; un recueil des différens Plans & Forts de l'Amérique
Septentrionale 17 feuilles in-4°. le Port de Bofton ; Plan de Paris, de Befançon, de Nancy, de l'Orient, & du Port-Louis; de Valenciennes, de
l'Eclufe, Sas de Gand, Axel, Philippine, Hulft; l'affaire de Mêle ; Bataille de Keffelfdorf ; Côtes de France en 30 feuilles in-4°. Côtes d'Angleterre, & la defcription du Château de Chambord en XIV Planches;
l'Ecole Royale Militaire en Plan & en Perfpectives ; la Place de Louis XV.

PRIVILEGE DU ROI.

LOUIS par la grace de Dieu, Roi de France & de Navarre, à nos
Amés & féaux Confeillers, les Gens tenant nos Cours de Parlement,
Maîtres des Requêtes ordinaires de notre Hôtel, Prevôt de Paris, Baillifs,
Sénéchaux, leurs Lieutenans Civils, & autres nos Jufticiers qu'il appartien-
dra ; SALUT : Notre Amé le Sieur le Rouge nous a fait expofer qu'il dé-
fireroit faire imprimer & donner au Public un Ouvrage de fa compofition,
qui a pour titre, *Introduction à la Géographie*, s'il nous plaifoit lui accorder
nos Lettres de permiffion pour ce néceffaires. A ces caufes, voulant favo-
rablement traiter l'Expofant, Nous lui avons permis & permettons par ces

Préfentes de faire imprimer fondit Ouvrage en un ou plufieurs volumes, & autant de fois que bon lui femblera, & de le faire vendre & débiter par tout notre Royaume pendant le tems de trois années confécutives, à compter du jour de la date defdites Préfentes. Faifons défenfes à tous Libraires, Imprimeurs, & autres perfonnes de quelque qualité & condition qu'elles foient, d'en introduire d'impreffion étrangere dans aucun lieu de notre obéiffance ; à la charge que ces Préfentes feront enregiftrées tout au long fur le Regiftre de la Communauté des Libraires & Imprimeurs de Paris dans trois mois de la date d'icelles, que l'impreffion dudit Ouvrage fera faite dans notre Royaume & non ailleurs, en bon papier & beau caractéres, conformément à la feuille imprimée, attachée pour modéle fous le contre-fcel defdites Préfentes, que l'Impétrant fe conformera en tout aux Réglemens de la Librairie, & notamment à celui du 10 Avril 1725. qu'avant de l'expofer en vente, le manufcrit qui aura fervi de copie à l'impreffion dudit Ouvrage, fera remis dans le même état où l'approbation y aura été donnée ès mains de notre très-cher & féal Chevalier le fieur Dagueffeau, Chancelier de France, Commandeur de nos Ordres, & qu'il en fera enfuite remis deux exemplaires dans notre Bibliotéque publique, un dans celle de notre Château du Louvre, & un dans celle de notre très-cher & féal Chevalier le Sieur Dagueffeau, Chancelier de France, le tout à peine de nullité des Préfentes ; du contenu defquélles vous mandons & enjoignons de faire jouir ledit Expofant & fes Ayant caufes pleinement & paifiblement, fans fouffrir qu'il leur foit fait aucun trouble ou empêchement : Voulons qu'à la copie des Préfentes qui fera imprimée tout au long au commencement ou à la fin dudit Ouvrage, fói foit ajoutée comme à l'original ; Commandons au premier notre Huiffier ou Sergent fur ce requis, de faire pour l'exécution d'icelles tous actes requis & néceffaires, fans demander autre permiffion, & nonobftant clameur de Haro, Charte, Normande, & Lettres à ce contraires ; car tel eft notre plaifir. Donné à Paris le dix-feptieme jour du mois d'Août, l'an de grace mil fept cent quarante-huit. Et de notre Regne le trente-troifiéme. Par le Roi en fon Confeil.

Signé, SAINSON.

APPROBATION.

J'Ai lû par ordre de M. le Chancelier, un Manufcrit qui a pour titre, *Introduction à la Géographie*, & j'ai cru qu'on pouvoit en permettre l'impreffion. A Paris le 30 Juillet 1748. MAUNOIR.

INTRODUCTION
A LA
GEOGRAPHIE.

A Science qui enseigne la disposition & l'assemblage de toutes les parties de l'Univers, & le rapport qu'elles ont entr'elles, se nomme Cosmographie, c'est-à-dire, description du Monde. Et comme on partage l'Univers en Globe céleste, & en Globe terrestre. La Cosmographie a deux parties principales; sçavoir: l'Astronomie qui observe le Ciel, & la Géographie qui est la description de la Terre. Cette derniere partie est notre principal objet; mais parce que l'étude de la Sphére doit nécessairement précéder celle de la Géographie, il est important de faire connoître avant toutes choses les vastes corps dont le Globe terrestre est environné. Nous allons donc donner d'abord une idée de l'Astronomie & de la Sphere; nous viendrons ensuite à la Géographie & à l'Hydrographie, pour connoître toute l'étendüe du Globe terrestre.

DU GLOBE CELESTE.

Le Globe céleste nous représente le Ciel avec les Astres, qui se distinguent en étoiles fixes & en étoiles errantes, que l'on appelle Planetes. Les étoiles fixes sont des corps qui brillent par leur propre lumiere; on les

A

appellé fixes, non qu'ellessoient sans mouvement, car, selon Ptolomée, elles en ont deux ; un qui est commun à tout le Ciel en vingt-quatre heures d'Orient en Occident sur les Poles du Monde, & qui entraîne tous les Astres ; & un autre mouvement propre d'Occident en Orient, & fort lent sur les Poles de l'Ecliptique. Mais on les nomme Etoiles fixes, parce qu'elles gardent toujours entr'elles une même distance, sans jamais s'écarter les unes des autres, du moins sensiblement. Elles sont placées dans le Firmament, & sont divisées en plusieurs constellations, ou assemblages d'étoiles, distingués par leur différente disposition.

On a arrangé les étoiles sous 50 constellations, dont il y en a 12 dans le Zodiaque, qu'on appelle Signes, 23 dans la partie Septentrionale, & 15 dans la Méridionale, outre la Voye Lactée, qui est semée d'étoiles qu'on apperçoit avec le secours du Telescope. Les six Signes Septentrionaux du Zodiaque sont, le Belier, le Taureau, les Gemeaux, l'Ecrevisse, le Lion, la Vierge. Les six Signes Méridionaux sont, la Balance, le Scorpion, le Sagittaire, le Capricorne, le Verseau, les Poissons. Nous nous bornerons aux constellations du Zodiaque.

Les Planetes sont des corps errans, parce qu'elles s'écartent de l'Ecliptique de part & d'autre, mais jamais de plus de huit degrés, ce qui a fait donner au Zodiaque seize degrés de largeur.

Il y a sept Planetes qui sont, selon Ptolomée, Saturne, Jupiter, Mars, le Soleil, Venus, Mercure, la Lune ; il ne connoissoit point de Planetes satellites. Au reste nous n'entrerons point dans le détail des différens systèmes.

DE LA SPHERE.

L'Instrument Astronomique, qu'on nomme *Sphere artificielle*, représente d'une maniere naturelle & sensible le mouvement du Ciel & des Astres. On voit en cette Sphere huit points principaux, deux lignes & dix cercles, que nous allons expliquer selon l'opinion commune, qui suppose la Terre au centre de l'Univers.

Les huit points principaux sont les deux Poles du Monde, les deux Poles du Zodiaque ou de l'Ecliptique, les deux Points du vrai Orient & du vrai Occident, & les deux nommés Zenit & Nadir.

Les deux lignes sont l'Axe du Monde, & l'Axe du Zodiaque.

Les dix cercles se distinguent en six grands & quatre petits ; les six grands sont l'Equinoxial ou l'Equateur, le Zodiaque, le Colure des Equinoxes, le colure des Solstices, l'Horison & le Méridien. Les quatre petits sont le Tropique de l'Ecrevisse, le Tropique du Capricorne, le cercle du Pole Arctique, & le cercle du Pole Antarctique.

Des Points. Les Poles du Monde sont les deux seuls points immobiles de l'Univers qui terminent l'Axe du Monde ; l'un d'eux est nommé Arctique à cause de la constellation de l'Ourse, nommée en Grec *Arctos*, dont il est fort proche ; il est aussi appellé Septentrional & Boreal ; l'autre est nommé Antarctique, parce qu'il est opposé à l'Arctique. On le nomme aussi Méridional & Austral.

Les deux Poles du Zodiaque font deux autres points qui font à l'extrémité de l'Axe du Zodiaque. Ils font nommés comme les deux Poles du Monde, dont il ne font éloignes que de 23 degrés 29 minutes. Ces points font mobiles, & font une révolution autour des Poles du Monde, avec toute la Sphere. Dans la Sphere naturelle, le Pole du Monde qui est élevé sur notre hemisphere, ou sur le Pole Arctique, se remarque par l'Etoile Polaire, qui est à l'extrémité de la queue de la petite Ourse, & qui en est proche. Le Pole Antarctique est plus difficile à appercevoir, car il est éloigné d'environ 12 ou 15 degrés de la Constellation, qu'on nomme la Croix. On voit aussi deux nuages, ou amas d'étoiles dont le plus petit est à 12 degrés du Pole Antarctique.

Les Points du vrai Orient & du vrai Occident, font ceux qui marquent les Points du lever & du coucher du Soleil aux jours des Equinoxes, quand les jours font égaux aux nuits. On peut remarquer les mêmes points dans la Sphere artificielle, aux deux endroits où l'Horison & l'Equateur se coupent.

Pour le Zenit & le Nadir, ce font deux points, dont l'un répond directement au-dessus de notre tête, & l'autre lui est diamétralement opposé. Si on imagine une ligne droite tirée par ces deux points opposés, elle passera par le centre de la Terre & traversera perpendiculairement le plan de l'Horison. Cette même ligne est nommée ligne Verticale.

Des Lignes. L'Axe du Monde est un des diamétres de la Sphere, & seul immobile, sur lequel toute la Sphere du Monde fait une révolution en 24 heures d'Orient en Occident, qui est le premier mouvement des Astres. Cet Axe passe par le centre de la Terre, qui est le centre de la Sphere, & se termine aux deux Poles.

L'Axe du Zodiaque est un des diamétres de la Sphere, autour duquel les Astres font leur second mouvement d'Occident en Orient.

Des six grands Cercles. L'Equinoxial ou l'Equateur, est le premier de tous les grands cercles de la Sphere, également distant des deux Poles du Monde. Il est le plus grand des cinq cercles paralleles qui y font décrits; le Soleil parcourt le plan de ce cercle en un jour au tems des deux Equinoxes; & c'est à cause des Equinoxes qu'il est nommé Equinoxial, parce que le Soleil décrivant ce même cercle, fait les jours égaux aux nuits par toute la Terre. Ce cercle fait connoître le milieu du Monde par son mouvement diurne, & il sert pour mesurer le tems, qui n'est autre chose que la durée du mouvement du Ciel. On connoît par son moyen l'irrégularité & l'inégalité du mouvement de l'Ecliptique autour des Poles du Monde. On compte sur ce même cercle les ascensions droites & obliques des Astres, & les longitudes des lieux de la Terre. C'est lui qui est le terme des déclinaisons des Astres & des latitudes des Villes, qui ne font l'un & l'autre que l'arc d'un grand cercle passant par les Poles du monde, compris

depuis l'Equateur jusqu'à l'Astre, ou jusqu'au lieu de la Terre proposé. Il
divise tout le monde en deux parties égales, Septentrionale & Méridionale.
La partie Septentrionale s'étend depuis l'Equateur jusqu'au Pole Arctique;
& la partie Méridionale depuis le même cercle jusqu'au Pole Antarctique.
Les points de commune section de ce cercle & de l'Horison, sont les points
du vrai Orient & du vrai Occident; de sorte qu'avec ces deux points & les
deux Poles du Monde, on a les quatre points Cardinaux, qui sont l'O-
rient & l'Occident, le Septentrion & le Midi. Les Géographes & les Pi-
lotes appellent l'Equateur simplement Ligne, parce que ce cercle est repré-
senté en ligne droite dans les Mappemondes & Cartes Hydrographiques.

Le ZODIAQUE coupe l'Equateur par la moitié en faisant deux angles aigus, chacun de 23 degrés 29 minutes qui marquent la plus grande
obliquité de l'Ecliptique, ou sa plus grande distance de l'Equateur. Ce
cercle est inégalement éloigné des Poles du Monde, & ses Poles en sont dis-
tans de vingt-trois degrés 29 minutes, c'est pourquoi ils se meuvent avec
le reste de la Sphere, & font une révolution autour des Poles du Monde en
vingt-quatre heures. Ce cercle, le seul qui ait de la largeur, est comme
une ceinture large d'environ 16 degrés. Dans son milieu est la ligne cir-
culaire qu'on nomme Ecliptique, parce que sous cette même ligne se font
les Eclipses du Soleil & de la Lune. L'Equateur le coupant aux premiers
points du Belier & de la Balance, le divise en deux parties égales, dont
l'une est Septentrionale & l'autre Méridionale. Il est aussi divisé en douze
Signes chacun contenant 30 degrés, six vers le Septentrion, & six vers le
Midi, comme nous l'avons déja dit. L'Ecliptique marque le cours annuel
du Soleil, & le chemin qu'il fait par son mouvement particulier, il ne
s'en écarte jamais de côté ni d'autre. Les autres Planetes s'en éloignent,
tantôs vers le Septentrion, & tantôt vers le Midi. Cette distance ou éloi-
gnement est nommé latitude Septentrionale ou Méridionale, & se mesure
par l'arc d'un cercle qui passe par les Poles de l'Ecliptique; elle se compte
depuis la même Ecliptique jusqu'au lieu de la Planete. Le Zodiaque est la
regle & la mesure des seconds mouvemens des Astres d'Occident en Orient
qu'ils font au-dessus de lui sur son Axe & sur ses Poles, comme l'Equateur
l'est au regard du premier mouvement d'Orient en Occident sur l'Axe &
sur les Poles du Monde. L'obliquité de l'Ecliptique cause la variété des saisons de l'année, l'inégalité des jours & des nuits, &c.

Les deux COLURES sont deux grands cercles qui s'entrecoupent à angles
droits aux Poles du Monde. L'un est nommé Colure des Equinoxes, parce
qu'il passe par les deux sections ou entrecoupures de l'Equateur & de l'E-
cliptique, qui marquent les deux points des Equinoxes. L'autre est nommé
le Colure des Solstices, parce qu'il montre les deux points de l'Ecliptique
où se font les Solstices. Les deux Colures ensemble déterminent les quatre
points considérables des Equinoxes & des Solstices. De plus, ils divisent le
Ciel en quatre parties, & l'année en quatre saisons.

L'HORISON est un grand cercle qui divise le Monde en deux parties

égales ou en deux Hémispheres, dont l'un est supérieur & visible, & l'autre
inférieur & invisible. *Ce Cercle* est le plus large de tous, & le Méridien y est
enclos avec tout le reste de la Sphere. De plus, il est immobile ; & sur sa circonférence sont marqués les degrés des douze Signes du Zodiaque, les jours
des douze mois de l'année, & les trente-deux vents pour servir à l'usage
de la Sphere & des Globes. Dans la Sphere naturelle, c'est le grand cercle
qui semble joindre la Terre ou la Mer avec le Ciel, & qui borne & limite
la vûe. Chaque lieu particulier a son horison fixe & immobile ; ainsi on
change d'horison à chaque pas qu'on fait en marchant, & chacun est toujours au centre de son horison. Les Poles de ce cercle sont le Zenit ou point
vertical au-dessus de notre tête, & le Nadir qui lui est diamétralement opposé. L'horison est divisé en rationel & sensible ; le rationel est celui que
l'on conçoit passant par le centre de la Terre, & divisant tout le Monde en
deux parties égales, l'une supérieure & l'autre inférieure. L'horison sensible
est un petit cercle parallele à l'horison rationel, qui touche la superficie de
la Terre au point où sont nos pieds ; mais qui ne divise pas le Ciel en deux
parties égales comme le rationel, mais la différence de ces deux Horisons
est insensible. L'horison rationel faisant divers angles avec l'Equateur, selon la position des lieux, a aussi divers noms, & la Sphere diverses positions. Sous l'Equateur on a l'horison droit & la Sphere droite, l'horison
coupant l'Equateur à angles droits. Entre l'Equateur & les Poles on a l'horison oblique & la Sphere oblique, l'Equateur & l'horison se coupant à
angles obliques. Quand on a son Zenit sous l'un des Poles du Monde, on
a l'horison parallele & la Sphere de même, parce que l'Equateur & l'Horison sont alors unis ensemble, ne faisant qu'un même cercle. Chacune de
ces trois positions de la Sphere a ses propriétés particulieres. Dans la Sphere
droite, les jours sont égaux aux nuits ; dans la Sphere oblique, les jours
sont inégaux aux nuits toute l'année, excepté les jours des Equinoxes ; &
dans la sphere parallele, ceux qui habitent sous les Poles, ont six mois de
jour & six mois de nuit. L'Horison a de grands usages.

Le MERIDIEN est le dernier grand cercle de la Sphere, qui passe par les Poles
du Monde, & par le Zenit & le Nadir du lieu duquel il est dit Méridien. Il
coupe l'horison à angles droits. Dans la Sphere artificielle, ce cercle est moins
large que l'horison. C'est à lui que la Sphere est attachée. Dans la Sphere naturelle, on imagine la moitié d'un grand cercle passant par le centre du Soleil à l'heure de midi, & par le Zenit du lieu où l'on est, allant se terminer de
côté & d'autre dans l'horison. Ce demi-cercle est le véritable Méridien ; &
l'autre demi-cercle qui fait un cercle entier avec le premier, est le Méridien
des Antipodes, puisqu'il passe par leur Zenit. On le nomme Méridien, parce
qu'il marque la moitié du tems, pendant lequel le Soleil & les autres Astres
paroissent sur l'horison. Comme il y a une infinité de Zenits & d'Horisons,
il y a une infinité de Méridiens ; on change de Méridien aussi bien que de
Zenit & d'Horison à chaque pas que l'on fait vers l'Orient ou l'Occident ;
mais quand on va en droite ligne du Septentrion au Midi, ou du Midi au

Septentrion ; on eſt toujours ſous un même Méridien , quoiqu'on change
continuellement de Zenit & d'Horiſon. De ce nombre infini de Méridiens, les Géographes n'en comptent que 360, qu'ils font paſſer par chaque
degré de l'Equateur ; mais ils n'en marquent ordinairement que 36 ſur les
Globes & ſur les Mappemondes , les éloignant l'un de l'autre de dix dégrés
de diſtance comptés ſur l'Equateur. Pour avoir le compte de tous ces Méridiens, & la longitude des lieux de la terre , on en établit un qui eſt le
premier duquel on compte les autres. Ce premier Méridien eſt arbitraire.
Les François le font paſſer , après Ptolomée , par l'Iſle de Fer , la plus Occidentale des Canaries ; les Hollandois par le Pic de Teneriffe , d'autres
par les Iſles Azores, &c. Pour les Aſtronomes, ils le prennent ordinairement
du lieu où ils font leurs obſervations. Le premier uſage du Méridien , eſt
qu'il montre le midi & la minuit au lieu où on l'applique, & qu'il diviſe l'Hé-
miſphere viſible en deux parties , ſçavoir, en Orientale & en Occidentale.
Sur ce même cercle on compte la plus grande hauteur ou élevation des
Aſtres ſur l'horiſon. Il détermine ſur l'Equateur les aſcenſions droites des
Aſtres , & la longitude des lieux de la Terre , les uns & les autres n'étant
qu'un arc de l'Equateur compté , au regard des Aſtres , du Colure des Equinoxes , & au regard des lieux de la Terre , depuis le premier Méridien juſqu'au Méridien du lieu propoſé. Il ſert auſſi à compter les déclinaiſons des
Aſtres & les latitudes des Villes , l'un & l'autre étant un arc du Méridien ,
compté depuis l'Equateur, juſqu'à l'Aſtre ou à la Ville propoſée. Car ce qu'on
appelle déclinaiſon dans l'Aſtronomie, eſt la même choſe que ce qu'on nomme latitude dans la Géographie. On prend ſur ce cercle l'élévation ou la hauteur du Pole, qui eſt un arc du Méridien , compté depuis l'horiſon juſqu'au
Pole, laquelle eſt toujours égale à la latitude , dont le complement eſt la
hauteur de l'Equateur ſur l'horiſon. L'Horiſon & le Méridien pris enſem-
ble , diviſent le Ciel en quatre parties , dont la première eſt l'Orientale ſupérieure, la ſeconde, l'Occidentale ſupérieure , la troiſieme, l'Occidentale
inférieure, & la quatriéme, l'Orientale inférieure.

    Des quatre petits Cercles. Des T R O P I Q U E S. Les Tropiques ſont deux
petits cercles paralleles à l'Equateur, décrits par les premiers degrés des
Signes de l'Ecreviſſe & du Capricorne, où ils touchent l'Ecliptique. Ils ſont
éloignés de l'Equateur de 23 ½ degrés ; le Soleil décrit les Tropiques environ le 20 Juin & le 21 de Décembre. On les nomme Tropiques, c'eſt-à-
dire , converſion ou retour, parce que le Soleil y étant, il retourne vers la
partie du Ciel, de laquelle il s'étoit éloigné. L'un eſt nommé Tropique
de l'Ecreviſſe , parce qu'il eſt décrit par le premier point de ce Signe ; on
l'appelle auſſi à notre égard Cercle du haut Solſtice, Tropique d'Eté & Tropique Septentrional. L'autre eſt nommé Tropique du Capricorne , parce
qu'il paſſe par le commencement de ce Signe , Tropique d'Hyver & Tropique Méridional ; & cercle du bas Solſtice. Les deux Tropiques, renferment la voye du mouvement propre du Soleil ſous l'Ecliptique , & ſont
comme les deux barrieres, au-delà deſquelles il ne paſſe jamais. C'eſt dans

ces mêmes cercles que le Soleil fait le plus long & le plus court jour de l'année, & réciproquement la plus longue & la plus courte nuit. Ils marquent
les lieux de l'Ecliptique où se font les Solstices, les plus grandes amplitudes
Orientales & Occidentales du Soleil dans l'Horison : & dans le Méridien,
sa plus grande & plus petite distance du Zenit pour les habitans de la Sphere
oblique. Ils renferment l'espace de la Terre, que l'on nomme Zone torride : Enfin, ils marquent sur l'Horison les quatre points collateraux, qui
sont l'Orient & l'Occident d'Eté, l'Orient & l'Occident d'Hyver ; & la distance de ces mêmes points, du lever & du coucher Equinoxial, marque
les plus grandes amplitudes du Soleil dont on vient de parler.

Des Cercles Polaires. Ce sont deux petits cercles paralleles à l'E-
quateur, décrits par les Poles de l'Ecliptique à l'entour de ceux du Monde
par la révolution du premier mouvement. On les nomme Polaires, parce
qu'ils ont les Poles du Zodiaque en leur circonférence, ou bien parce qu'ils
sont voisins des Poles du Monde. L'un est appellé Cercle Polaire Arctique,
& l'autre Cercle Polaire Antarctique. Ils servent de bornes aux Zones froides & tempérées, & renferment l'espace des Zones froides comprises entre
ces cercles & les Poles du Monde. Ils renferment avec les deux Tropiques
les deux Zones tempérées. Ils marquent sur les deux Colures l'intervale
compris entre les Poles du Monde & les Poles de l'Ecliptique, lequel est
égal à la plus grande déclinaison du Soleil, c'est-à-dire, de 23 dégrés
29 minutes. Les deux Tropiques & les deux cercles Polaires ensemble,
divisent le Ciel & la Terre en cinq Zones ou bandes ; sçavoir, la Torride,
les deux Temperées, & les deux Froides. L'Equateur fait le milieu de la
Zone Torride, les Poles donnent le milieu des Zones froides.

Outre les cercles de la Sphere artificielle qu'on vient d'expliquer, il y en
a plusieurs autres qui sont d'un grand usage dans l'Astronomie, & que
nous ne ferons presque qu'indiquer.

Les Cercles de longitude des Astres, qui passent par les Poles de l'Ecliptique & la coupent à angles droits. Ils déterminent sur l'Ecliptique les longitudes des Astres, & servent à mesurer leurs latitudes que l'on compte depuis l'Ecliptique jusqu'à l'un de ses Poles. On en peut imaginer autant qu'il
y a d'Astres au Ciel.

Les Cercles de latitude des Astres, sont plusieurs petits cercles paralleles à
l'Ecliptique, lesquels traversant ceux de longitude, les coupent à angles
droits. Ils déterminent toutes les étoiles qui ont une même latitude, & servent à mesurer les longitudes des Astres, que l'on prend depuis le point où
ces paralleles coupent le premier cercle de longitude. On voit que les cercles de latitude servent à déterminer les latitudes, & à mesurer les longitudes, en la même maniere que les cercles de longitude servent à déterminer les longitudes & à mesurer les latitudes.

Les Cercles d'ascension droite passent par les Poles du Monde, & coupant l'Equateur à angles droits, déterminent l'ascension droite des Astres.
L'ascension droite est un arc de l'Equateur compris entre le colure des Equi-

noxes, qui coupe l'Ecliptique au premier point d'*Aries*, & un autre cercle d'afcenfion droite paffant par le centre de l'Aftre, ou par quelque point de l'Ecliptique. On peut dire auffi que c'eft l'arc de l'Equateur qui fe leve avec l'Aftre ou avec le point de l'Ecliptique dans l'Horifon de la Sphere droite.

Le *Cercle d'afcenfion oblique*, n'eft autre chofe que l'horifon de la fphere oblique, lequel ne paffant pas par les Poles du Monde, & étant determiné au regard d'une élevation de Pole particuliere, ne peut être que feul; les afcenfions & defcenfions des Aftres ou des dégrés de l'Ecliptique font nommées obliques, parce qu'elles font faites en la Sphere oblique; c'eft pourquoi l'horifon dans la Sphere oblique peut être nommé cercle d'afcenfion oblique.

Les Cercles de déclinaifon, font de petits cercles paralleles a l'Equateur, lefquels font compris entre l'Equateur & les Poles: Ces cercles coupant ceux des afcenfions droites, ou des Méridiens à angles droits, déterminent fur les mêmes la quantité de la déclinaifon des Aftres ou dégrés de l'Ecliptique, & cette déclinaifon eft un arc du Méridien, compris depuis l'Equateur jufqu'au lieu de l'Aftre pofé dans le même cercle: on en peut imaginer tant que l'on voudra. Les Aftres n'ont aucune déclinaifon dans l'Equateur; elle augmente ou diminue à mefure qu'ils s'approchent ou s'éloignent de l'Equateur par leur mouvement propre. La plus grande déclinaifon du Soleil eft lorfqu'il eft parvenu aux Tropiques de l'Ecreviffe & du Capricorne. Pour les étoiles fixes qui confervent toujours la même latitude dans leur mouvement particulier, elles ont leur plus grande déclinaifon, quand elles parviennent au colure des Solftices. Il en eft de même des Planetes. Les points de l'Ecliptique également diftants des Solftices & des Equinoxes, ont leurs déclinaifons égales. Le point de rencontre des deux cercles de déclinaifon, & de l'afcenfion droite, marque le vrai lieu de l'Aftre dans le Ciel.

Les Azimuts, nommés auffi Verticaux ou Cercles de hauteur, font de grands cercles qui paffent par le Zenit & le Nadir du lieu, & coupent l'Horifon à angles droits. On en peut imaginer tant que l'on voudra, à moins qu'on ne fe borne à 360. en les faifant paffer par tous les dégrés de l'Horifon. On mefure fur ces cercles la hauteur & l'abaiffement des Aftres depuis l'Horifon où elle eft nulle; & cette même hauteur eft l'arc de l'Azimut, compris entre l'Horifon & l'Aftre; & fon complement eft la diftance de l'Aftre du Zenit. C'eft fur les Azimuts que les Aftronomes confidérent la parallaxe de hauteur & la réfraction. La parallaxe eft un arc du vertical, qui marque la différence des hauteurs d'un Aftre vû de deux endroits, à fçavoir du centre de la Terre, & de fa furface. Cette parallaxe fait paroître les Aftres plus bas qu'ils ne font véritablement. La réfraction fait un effet tout contraire, car elle fait paroître les Aftres plus hauts qu'ils ne font en effet.

Les Almucantarats, ou Cercles de hauteur, font paralleles à l'Horifon,

&

& traverfant les Azimuts, les coupent à angles droits. Ils déterminent fur les Azimuts les hauteurs des Aftres, comme auffi leur diftance au Zenit, & tous ceux qui peuvent avoir une égale hauteur fur l'Horifon. On peut auffi compter fur les mêmes Cercles les Azimuts des Aftres en la même maniere que l'on fait les longitudes des étoiles fur les cercles de latitude, ou leurs afcenfions droites fur les cercles de déclinaifon; ce qui fait que ces cercles déterminent les hauteurs des Aftres, de même que les Azimuts ou verticaux déterminent leurs Azimuts, & mefurent leurs hauteurs.

Les Cercles Horaires font 12. grands Cercles qui paffent par les Poles du Monde comme les Méridiens, & divifent tout le Globe ou la Sphere en 24. parties égales, qui font les 24. heures du jour civil ou aftronomique. Ces cercles fe coupant l'un l'autre au Poles du Monde, font des Angles de 15. dégrez chacun, lefquels fe mefurent fur l'Equateur par l'intervalle compris entre deux de ces cercles. Le Soleil dans fa révolution journaliere parcourt dans chaque heure du jour 15. dégrés de l'Equateur, & en 24. heures 360. dégrés qui font le cercle entier, & qui accompliffent le jour aftronomique. Outre ces 12. Cercles horaires, il en faut encore imaginer une infinité d'autres, pour déterminer les fractions ou parties des heures, comme les minutes, les fecondes, les tierces, &c.

Les Cercles des jours font paralleles à l'Equateur, paffant par chaque dégré de l'Ecliptique que le Soleil parcourt à peu près en un jour par fon mouvement particulier. Ils ne font pas à la rigueur exactement paralleles à l'Equateur, parce que le Soleil ne demeurant pas toujours dans un même dégré de l'Ecliptique, vû qu'il en fait un par jour à peu près, foit en approchant, foit en reculant du Zenit, il fait fon mouvement journalier en maniere de ligne fpirale. Ainfi le Soleil avançant tous les jours d'un dégré par fon mouvement propre, il faut que le Cercle diurne, qui part d'un dégré de l'Ecliptique où fe trouve aujourd'hui le Soleil, aille un peu obliquement pour en rejoindre un autre auquel il doit venir le lendemain part fa révolution journaliere, d'où s'enfuit que ce cercle fera en forme de vis. Ainfi en eft-il de tous les autres, paffant par tous les dégrés de l'Ecliptique. La diverfe pofition de la Sphere, eft comme nous l'avons dit en parlant de l'Horifon, la caufe de la variété des jours.

Le Cercle du Crepufcule. Le Crepufcule eft le peu de lumiere qui paroît avant le lever du Soleil; que l'on nomme Aurore, & qui refte après fon coucher, qui retient le nom de Crepufcule. Le commencement du Crepufcule du matin eft nommé le point du jour, & la fin de celui du foir eft le commencement de la nuit clofe. Les Crepufcules commencent & finiffent lorfque le Soleil eft abaiffé d'environ 18. dégrés au-deffous de l'Horifon; ces 18. dégrés fe prennent depuis le cercle parallele à l'Horifon ou un Almucantarat inférieur, décrit par le point qui termine ces 18. dégrés d'abaiffement, jufqu'à l'Horifon; & ce cercle fera celui du Crepufcule.

auquel le Soleil venant le matin, le point-du-jour commencera; & y paſſant le ſoir, le jour finira tout à fait. La durée des Crepuſcules eſt auſſi variable que celle des jours naturels dans toutes les différentes poſitions de la Sphere, & à peu près pour les mêmes cauſes qui font que le Cercle du Crepuſcule coupe en différentes façons les Cercles des jours aſtronomiques; car ſous l'Equateur, où le Cercle du Crepuſcule coupe comme l'Horiſon ces mêmes Cercles à angles droits, tous les Crepuſcules ſont preſque ſemblables entr'eux, & ils ſont plus courts qu'en la Sphere oblique, parce que dans la Sphere droite le Soleil monte & deſcend perpendiculairement au-deſſus & au-deſſous de l'Horiſon, au lieu que dans la Sphere oblique, il monte & deſcend obliquement. Dans la Sphere Parallele les Crepuſcules durent près de deux mois tant avant le lever du Soleil, qu'après ſon coucher; car en cette poſition de Sphere, le Soleil fait 52. révolutions diurnes avant que d'être abaiſſé de 18. dégrés ſous l'Horiſon.

DU GLOBE TERRESTRE,

ou *Abregé de la Géographie.*

La Science qui nous enſeigne à connoître le Globe Terreſtre que nous habitons, s'appelle *Géographie*, qui ſignifie deſcription de la Terre. Comme le Globe eſt un compoſé de terre & d'eau, on appelle *Géographie* proprement dite, la ſcience qui a la Terre pour objet, & *Hydrographie* celle qui s'applique à connoître l'eau. Ces deux parties ont entr'elles une liaiſon néceſſaire; car on ne peut étudier la Géographie ſans lui aſſocier l'Hydrographie, du moins celle qui ſe borne à connoître le cours, la profondeur, la largeur & la nature des eaux, en tant qu'elles ſont partie de la ſurface du Globe; le reſte appartient à la Navigation.

Les eaux répandues ſur la ſurface de la Terre en entourent deux grandes parties par des Mers fort étendues; & ces deux parties ſont appellées Continens, parce que toutes les terres s'y tiennent l'une à l'autre ſans être interrompues par aucune Mer. Il y a d'autres parties moins conſidérables que la Mer environne de tous côtés, & on les appelle *Iſles.* Ces deux Continens avec leurs Iſles forment ce qu'on appelle l'Ancien & le Nouveau Monde. Le premier eſt celui que les Anciens ont connu & comprend trois grandes parties; ſçavoir, l'Europe, au Nord, l'Afrique au Midi, & l'Asie à l'Orient des deux autres. Le Nouveau Monde eſt un grand continent découvert depuis quelques ſiécles, & qu'on appelle l'Amerique. Il y a encore vers les deux Poles deux autres nouvelles parties à découvrir, qui ſont les Terres inconnues Arctiques & les Terres Méridionales. Cette diviſion partage le Globe en ſix parties qui ſont,

Dans l'Ancien Monde, l'Europe, l'Asie, l'Afrique.
Dans le Nouveau Monde, l'Amerique.
Dans le Monde inconnu, les Terres Arctiotes, les Terres Australes.

On a marqué dans le Ciel des Cercles, à mesure qu'on a observé que le Soleil & les Planetes les décrivoient dans leur cours. L'Astronomie s'est servi utilement de ces Cercles imaginaires, mais qui ont une espece de réalité par le grand usage dont ils sont. La Géographie a emprunté ces Cercles & les a appliqués au Globe de la Terre. Ainsi s'est formée la Géographie Astronomique, qui nous fournit les Méridiens & les Paralleles, dont la rencontre marque précisément le lieu de chaque partie du Globe par rapport au Ciel. . . . . . . La Géographie telle qu'on vient de l'expliquer, est une partie de la *Cosmographie*, qui est la description de tout l'Univers. Mais quoique la Géographie & l'Astronomie soient deux sciences séparées, la Géographie ne peut se passer de l'Astronomie, dont elle emprunte nécessairement la Ligne Equinoxiale, les Tropiques, les Poles, les Zones, les Méridiens, les Paralleles, &c. comme on le dira plus bas.

Si la Géographie n'est qu'une partie à l'égard de la Cosmographie, elle devient un tout à l'égard de la *Chorographie*, qui est la description d'un Canton particulier. Cette derniere a sous elle la *Topographie*, qui décrit un simple lieu, comme une Ville, un Village, un champ de Bataille, &c.

La Terre & la Mer ne font qu'un Globe, comme on le prouve aisément. La Terre est ronde de l'Orient à l'Occident, puisque le Soleil & les Astres ne paroissent pas se lever & se coucher en même tems pour tous les habitans de la Terre. Si elle étoit plate, tous les peuples verroient en même tems le Soleil & les Astres se lever & se coucher ; le Soleil seroit également élevé sur toutes les parties de cette plaine, les Eclipses paroîtroient à tous dans le même instant. Ce qui étant contraire aux observations & à l'expérience, on doit conclure que la Terre est ronde d'Orient en Occident. Elle est aussi ronde du Midi au Septentrion, puisque ceux qui voyagent en s'avançant vers un des Poles, voient changer l'élévation du Pole, qui paroît s'élever régulierement sur leur Horison d'un degré pour 20 grandes lieues de France ; ils voient aussi que plusieurs Etoiles qui en font proches, ne se couchent plus, & que d'autres qui font vers le Pole dont ils s'éloignent, ne se levent plus. Enfin, la Terre est ronde en tout sens, les montagnes & les vallées n'étant pas sensibles, comparées à la grosseur de la Terre. Ceux qui voyagent sur Mer peuvent s'en convaincre. Car à mesure qu'ils s'éloignent du port, ils perdent peu à peu de vûe les objets les plus élevés, comme les tours, les clochers, &c. M. de Maupertuis prouve que la terre est platte vers les poles.

La Terre n'a point de grandeur sensible, comparée à la grandeur immenfe du Firmament, & n’eft pas éloignée du moins fenfiblement du centre de l’Univers. Elle eft dans le plan de l’Equateur Celefte.

L’Axe du Globe Terreftre eft une partie de l’Axe du Monde, qui paffant au travers du Globe & par fon centre, va fe terminer en fa furface. Les deux points de la furface Terreftre, qui terminent cet Axe, font les deux poles de la Terre, dont l’un eft le Pole Arctique, qui eft pofé fous le Pole Actique du Monde, & l’autre eft le Pole Antarctique pofé fous le Pole Antarctique du Ciel.

Outre le Méridien & l’Horifon, qui font au-dehors du Globe de même qu’en la Sphere Artificielle, il y a encore plufieurs autres cercles fur la furface du même Globe, fçavoir l’Equateur, l’Ecliptique, les deux Tropique, & les deux Cercles Polaires avec les Méridiens ou cercles de longitude, & les paralleles de l’Equateur ou cercles de latitude. On a expliqué ci-devant tous ces cercles, qui s’appliquent à la Géographie comme à l’Aftronomie, à caufe de la relation qu’il y a entre le Ciel & la Terre, qui fait que les cercles imaginés dans la Sphere Célefte, fervent de principes à la Géographie.

Outre tous ces Cercles marqués fur les Globes, il y en a encore d’autres que l’on conçoit y être décrits, comme font ceux des Climats, des Pofitions & de la diftance des lieux, lefquels tous enfemble font néceffaires pour donner une plus parfaite connoiffance de toutes les parties de la Terre, confidérées au regard des mouvemens diurne & annuel du Soleil. C’eft ce qui nous oblige de parler des longitudes & latitudes des lieux, de la variété des Climats, de la diverfité des Ombres, des Zones, des habitans de la Terre, & de la pofition des lieux les uns à l’égard des autres, tout autant de fujets qui regardent la Géographie Aftronomique.

De la LONGITUDE des Lieux.

La Longitude d’un lieu fe compte fur l’Equateur depuis le premier Méridien jufqu’à celui qui paffe par le Zenit du lieu propofé. La Terre étant ronde, le Soleil n’éclaire pas en un inftant toutes fes parties, mais fucceffivement, fe faifant voir plûtôt aux Peuples qui font Orientaux qu’à ceux qui font Occidentaux : de-là vient que les Peuples Orientaux ont plûtôt midy que les Peuples Occidentaux ; c’eft pourquoi fi un lieu eft plus Oriental de 15. dégrés qu’un autre, il aura midy, une heure plûtôt. Au contraire, fi un lieu eft plus Occidental de 15. dégrés qu’un autre, il aura midy une heure plus tard.

Il eft aifé de remarquer, que la longitude fe compte d’Occident en Orient, & que l’arc de l’Equateur, qui fait la différence des Méridiens, ou de la longitude des Villes, n’eft autre chofe que la mefure de l’intervalle du tems, qui fait qu’un lieu a plûtôt, ou plus tard midy, & qu’il compte plus ou moins d’heures qu’un autre lieu.

Et puisqu'il y a une infinité de lieux vers l'Orient & vers l'Occident, il faut aussi concevoir une infinité de méridiens que l'on peut bien nommer Cercles de longitude, puisqu'ils déterminent sur l'Equateur la longitude des lieux, leur situation, plus ou moins Orientale, ou Occidentale . . . . . Cette connoissance, qui n'est autre chose que la science des longitudes, est très-utile & très-nécessaire, tant en la Navigation qu'en la Géographie. Car en la Géographie, elle rend les Globes Terrestres, les Mappemondes, ou Cartes Universelles du Monde, tant Géographiques qu'Hydrographiques, ou Marines, fort justes, & en la Navigation, elle sert à la conduite des Vaisseaux, en rendant leur route plus certaine & plus assurée. Il est très-difficile de connoître sur Mer les longitudes, parce qu'il n'est pas aisé de pratiquer dans un vaisseau les observations que les régles de la Theorie ordonnent. Mais comme sur terre on peut opérer avec justesse dans les observations que l'on veut faire, on trouve exactément les Longitudes de la Terre; sur-tout par l'observation des Eclipses de Lune, & du premier Satellite de Jupiter, qui les donnent dans une grande précision.

De la LATITUDE des lieux.

La latitude d'un lieu est sa distance de l'Equateur, laquelle est comptée sur le Méridien, depuis l'Equinoxial jusqu'au dit lieu. De sorte que la latitude d'une Ville est l'arc de son Méridien, compris entre l'Equateur & la même Ville : mais comme l'Equateur est le terme qui sépare la partie Septentrionale du Globe Terrestre, de la Méridionale, cela fait que l'on ajoute au nom commun de latitude, la dénomination de Septentrionale ou de Méridionale, afin de distinguer les latitudes, qui sont dans la partie Septentrionale de la Terre, d'avec celles qui sont dans la Méridionale.

Toutes les diversités qui se rencontrent dans tous les lieux de la Terre qui sont hors de l'Equateur, au respect du premier & du second mouvement du Soleil, ont donné lieu de considérer le Ciel & la Terre par la latitude, comme la diversité des Méridiens a fait distinguer l'un & l'autre par la longitude. L'étendue de la latitude n'est pas si grande que celle de la longitude, parce que celle-ci comprend tout le circuit de la Terre, au lieu que celle-là ne s'étend pas davantage que jusqu'au quart du même circuit, soit du côté du Midy, soit du côté du Septentrion; & c'est pour cette raison que toute la circonférence du Ciel & de la Terre a été nommée longitude; & que l'étendue comprise depuis l'Equateur jusqu'à l'un ou l'autre Pole, qui ne contient que 90 dégrés, a été nommée latitude.

Puis donc qu'il y a une infinité de lieux sur la Terre, compris depuis l'Equateur jusqu'aux deux Poles du Monde, il faut concevoir une infinité de cercles paralleles à l'Equateur, passant par ces mêmes lieux, lesquels pourront être nommés Cercles de latitude, parce qu'ils déterminent par les points où ils coupent les Méridiens, qui font Cercles de longitude, quelle est la latitude de chacun de ces lieux, & qu'ils font aussi connoître que tous les lieux situés sur chacune de leurs circonférences, ont une latitude égale, ou une distance égale de l'Equateur, quoique leur longitude soit différente. Il faut aussi entendre que sur ces mêmes cercles on mesure les longitudes, comme sur les cercles de longitude on mesure les latitudes, puisque ces derniers passans par les Poles du Monde, mesurent toute l'étendue de la latitude, depuis l'Equateur jusqu'à l'un ou l'autre Pole.

Les Cercles de latitude renferment en leur circonférence toute l'étendue de la longitude, de même que l'Equateur. Car les Méridiens qui s'entrecoupent tous aux Poles du Monde, divisent ces cercles de latitude en parties semblables à celles dont ils divisent l'Equateur, & y déterminent comme sur l'Equateur, les longitudes : c'est ce qui fait que l'on pourra aussi-bien les compter sur les cercles de latitude, que sur l'Equateur.

Mais comme ces Cercles paralleles font inégaux, étant plus grands vers l'Equinoxial & plus petits vers les Poles, il faut faire bien moins de chemin en un parallele qu'en un autre, pour changer d'un dégré en longitude. Sous l'Equinoxial un dégré de longitude vaut 25. lieues communes de France, comme un dégré de latitude par toute la Terre ; mais sous le parallele de Paris, il ne faut que 16. lieues, & peu moins d'une demie, pour un dégré de longitude.

Il est aisé de voir par ce qu'on vient de dire, que pour avoir le vrai lieu d'une Ville sur le Globe Terrestre, il faut avoir la connoissance de sa longitude & de sa latitude, parce qu'ayant sa longitude, on a son Méridien ; & sçachant sa latitude, on connoît encore son parallele, ou cercle de latitude ; d'où s'enfuit que le point de la commune section de ces deux cercles marquera sur le Globe Terrestre le vrai lieu de la Ville.

DES CLIMATS.

Le Climat est un espace de Terre compris entre deux cercles paralleles à l'Equateur, dans lequel le plus long jour d'Eté varie d'une demie heure, étant plus long d'autant, à la fin du Climat qu'au commencement. Le premier de ces cercles marque le commencement du Climat, & le second en détermine la fin. L'intervalle compris depuis l'Equateur jusqu'aux Cercles Polaires étant de 12. heures de différence dans les plus longs jours d'Eté, qui valent 24. demi-heures, il doit y avoir 24. Climats, qui commenceront à l'Equateur, & finiront aux Cercles Polaires, tant du côté du Midi que du côté du Septentrion. Il y a donc 25. de ces cercles, au Midi, ou au Nord, qui renferment les 24. espaces des Climats, le premier defquels eft l'Equateur où commence le premier Climat ; & le dernier d'un des Cercles Polaires, où eft la fin du dernier Climat. L'intervalle de chacun de ces Climats eft fort inégal, étant plus grand vers l'Equateur que vers les Cercles Polaires ; car l'intervalle du premier Climat eft de 8. dégrés 30. m. & celui du dernier n'a pas plus de 3. minutes. La raifon de cette inégalité procede de la fection plus ou moins oblique du Tropique par l'Horifon, felon les différentes élevations du Pole. Cette inégalité fe rend fenfible, fi on l'examime avec la Sphere ou le Globe Terreftre.

Il y a 48. paralleles des Climats, qui ne font que des demi Climats, defquels l'efpace ne contient qu'un $\frac{1}{4}$. d'heure de variation dans les plus longs jours d'Eté. Il y a auffi 12 Climats de demi mois entre les Cercles Polaires & les Poles, chacun de leurs efpaces comprend 15. jours de différence ; car fous le Cercle Polaire le plus long jour d'Eté eft de 24. heures, ou d'un jour Aftronomique ; & le plus long jour fur les Poles contient 180. jours Aftronomiques qui font fix mois. Puifqu'il y a 12. de ces Climats, il faut encore 12. Cercles paralleles à l'Equateur pour les diftinguer. Le Cercle Polaire fera le comencement du premier de ces Climats ; & le Pole fera la fin du dernier.

DE LA DIVERSITE' DES OMBRES.

L'obliquité de l'Ecliptique que le Soleil parcourt, & la figure Spherique de la Terre font caufe que le Soleil envoye fes rayons différemment fur le Globe Terreftre, & que les corps jettent différentes fortes d'ombres, qui jont donné lieu de partager les habitans de la Terre en trois fortes de Peuples qui prennent le nom de leurs ombres, fçavoir en Amphifciens, Heterofciens & Perifciens. Les Amphifciens font ceux dont l'ombre Méridienne va de côté & d'autre, à fçavoir du côté du Septentrion, lorfque le Soleil eft dans les Signes Méridionaux ; & du côté du Midy, lorfqu'il parcourt les Signes Septentrionaux. Ils font auffi nommés Afciens, parce que les corps font fans ombre à midy, lorfque le Soleil eft à leur Zénith. Les habitans de la Zone Torride ont cette forte d'ombres, excepté ceux qui font fous les deux Tropiques, leur ombre n'allant que d'un feul côté. Les Heterofciens font les habitans des Zones Tempérées, qui ont toujours leurs ombres d'un même côté. Mais les Perifciens font les peuples qui demeurent dans les Zones Froides, & dont l'ombre tourne à l'entour de leur Horifon pendant leur plus long jour. Les habitans des Cercles Polaires font auffi Perifciens : mais pendant un feul jour.

Des ZONES & des fept différentes pofitions de la Sphere.

Le Ciel & la Terre font divifés par les quatre petits Cercles en cinq

Zones ; fçavoir en une Torride comprife entre les deux Tropiques, deux Tempérées renfermées entre les Tropiques & les Cercles Polaires , & deux Froides entre les Cercles Polaires & les Poles. Voici leurs propriétés fuivant le rapport qu'elles ont avec les trois pofitions générales de la Sphere , & aux fept particuliers qu'elles renferment.

Zone Torride. I. *Pofition fous l'Equateur.* Ceux qui ont leur Zenit fous l'Equateur font au milieu de la Zone Torride & dans la Sphere droite , ayant les Poles à leur Horifon ; ce qui fait qu'ils voient toutes les parties du Ciel fe lever & fe coucher, fans qu'aucune leur foit cachée. Toutes les révolutions du Ciel fe font à Angles droits à l'Horifon. Ces peuples ont tous les jours égaux aux nuits. Ils ont deux Etés aux Equinoxes , & deux Hyvers aux Solftices, Ils font Afciens & Amphifciens , ayant cinq fortes d'ombres : fçavoir l'Occidentale lorfque le Soleil fe leve , l'Orientale quand il fe couche , la Méridionale lorfque le Soleil eft aux Signes Septentrionaux, la Septentrionale quand il eft aux Méridionaux , & l'ombre perpendiculaire , ou plûtôt nulle, à midy : L'air y eft plus tempéré que vers les Tropiques, à caufe de la longueur des nuits , & des vents qui le rafraichiffent.

II. *Pofition entre l'Equateur & les Tropiques.* Ceux qui ont leur Zenit entre l'Equateur & les Tropiques , font encore dans la Zone Torride : mais ils ont la Sphere oblique , ayant l'un des poles élevé fur l'Horifon , & l'autre d'autant abaiffé , & il y a une partie du Ciel qui leur eft toujours cachée. Toutes les révolutions du Ciel fe font obliquement à l'Horifon. Ces Peuples ont les jours & les nuits d'une inégale durée , excepté aux tems des Equinoxes. Ils ont comme fous l'Equateur , deux Etés & deux Hyvers, le Soleil paffant deux fois l'année fur leur tête. Ils ont auffi cinq fortes d'ombres , & font Afciens & Amphifciens. L'air qu'ils refpirent eft plus chaud que fous l'Equateur, principalement vers les Tropiques, le Soleil y demeurant plus de tems que vers l'Equateur.

Zones Tempérées. III. *Pofition fous les Tropiques.* Ceux qui ont leur Zenit fous l'un des Tropiques font à la fin de la Zone Torride , & au commencement de la Tempérée Septentrionale ou Méridionale. Ils ont toutes les propriétés de la feconde Pofition , excepté qu'ils n'ont qu'un Eté & un Hyver , le Soleil ne paffant qu'une fois par leur Zenit. Ils ont quatre fortes d'ombres , fçavoir , l'Occidentale au matin , l'Orientale au foir , la Septentrionale ou la Méridionale à midy , felon qu'ils font fitués , ou vers le Pole Arctique , ou vers le Pole Antarctique ; & ils n'ont point d'ombre à midy , quand le Soleil eft aux Tropiques.

IV. *Pofition entre les Tropiques & les Cercles Polaires.* Ceux qui ont leur Zenit entre les Tropiques & les Cercles Polaires , font dans la Zone Tempérée. Ils ont la Sphere plus oblique , & les révolutions du Ciel fe font auffi plus obliquement. Il y a pour eux plus d'inégalité dans les jours & les nuits que dans les Pofitions précédentes. Ils n'ont que trois fortes d'ombres , fçavoir , l'Occidentale au matin , l'Orientale au foir , & la

Septentrionale

Septentrionale ou Méridionale, à midy, selon que la Zone habitée est
Septentrionale ou Méridionale. Le Soleil ne passe jamais par leur Zenit.
Ils ont quatre Saisons dans l'année. L'air y est plus tempéré que dans
la Zone Torride ; la chaleur y est moins grande, en Eté ; mais en Hyver
il y fait plus froid, le Soleil envoyant ses rayons plus obliquement.

Zones Froides. V. *Position sous les Cercles Polaires.* Ceux qui ont leur
Zenit sous les Cercles Polaires sont à la fin des Zones Tempérées, & au
commencement des Froides. Ils ont la Sphere très-oblique ; & les Tropiques étant tout entiers l'un au-dessus, & l'autre au-dessous de leur Horison, ils ont en Eté un jour de 24 heures, & en Hyver une nuit de même
durée. Ils ont les jours & les nuits d'une durée plus inégale que dans la Position précédente, excepté les deux jours des Equinoxes ; ils ont les mêmes
ombres, ce qui les rend Heterosciens ; mais le Soleil étant aux Tropiques,
ils deviennent Perisciens. Ils ont quatre Saisons dans l'année, & l'air y est
froid.

VI. *Position entre les Cercles Polaires & les Poles.* Ceux qui ont le Zenit
entre les Cercles Polaires & les Poles, sont dans la Zone Froide. Ils
ont la Sphere plus oblique que dans la position précédente, puisqu'elle approche de la Sphere parallele ; ainsi ils ont les jours & les
nuits d'une durée d'autant plus inégale. Leurs ombres tournent à l'entour de leur Horison autant de tems que le Soleil est à faire leur plus
long jour, & ils sont Perisciens. Mais hors de leur plus long jour, ils
ont les autres sortes d'ombres de la IV. Position. L'air y est moins
froid en Eté que vers les Cercles Polaires ; mais en Hyver le froid
y est plus grand, le Soleil étant alors fort long-tems sous leur Horison.

VII. *Et derniere Position sous les Poles.* Enfin ceux qui ont leur Zenit sous les Poles du Monde, sont au milieu des Zones Froides. Ils ont la
Sphere parallele, ce qui fait que toutes les révolutions du Ciel sont paralleles à l'Horison. Ils ont six mois de jour & six mois de nuit. Leurs ombres tournent autour de leur Horison, ce qui fait qu'ils sont Perisciens
Ils voient toujours la même moitié du Ciel au-dessus de leur Horison,
& les mêmes Etoiles, qui ne se couchent jamais ; & l'autre moitié du
Ciel est toujours sous leur Horison où sont les autres Etoiles, qui ne se
levent jamais pour eux.

Des divers Habitans de la Terre.

On distingue les habitans de la Terre en Antœciens, Periœciens &
Antipodes. Les Antœciens sont ceux qui demeurent sous un même Méridien, mais sous des paralleles opposés, également éloignés de l'Equateur ; c'est pourquoi si les uns demeurent sous un parallele Septentrional, les autres habitent sous un parallele Méridional. Ces Peuples ont
donc une même latitude & une pareille élévation des Poles opposés. Ils

ont midy & minuit en même tems, mais ils ont les Saisons de l'année opposées.

Les Periœciens sont ceux qui demeurent sous un même Cercle de Latitude, mais aux points opposés du même cercle, & sous des Méridiens opposés ; c'est pourquoi quand les uns ont le jour, les autres ont la nuit ; & quand ceux ci ont midy, ceux là ont minuit. Mais ayant le même Pole également élevé sur leur Horison, les Saisons de l'année sont les mêmes pour eux & leur arrivent en même tems.

Les Antipodes sont ceux qui sont diamétralement opposés les uns aux autres, c'est-à-dire, qui sont éloignés les uns des autres, de tout le diametre de la Terre ; c'est pourquoi ils ont toutes choses opposées.

Par ce qui vient d'être dit on voit que les Antœciens ont les mêmes heures, & les Saisons contraires ; les Periœciens, les mêmes Saisons & les heures contraires ; & les Antipodes, les heures & les Saisons contraires. Ceux qui sont sous l'Equateur n'ont point d'Antœciens, mais des Antipodes, qui peuvent être aussi nommés Periœciens.

De la Position des lieux de la Terre.

On doit considérer la Terre par rapport aux quatre Points Cardinaux, qui sont le Septentrion, le Midy, l'Orient & l'Occident ; & on distingue tous les lieux qu'elle renferme, eu égard à un lieu particulier. On connoît par-là la situation des Régions de la Terre les unes au respect des autres ; ce qui fait voir que les unes sont Orientales au regard de celles qui leur sont Occidentales ; & qu'elles sont, en même tems Septentrionales, par rapport à d'autres qui sont Méridionales. Ainsi la France est Occidentale à l'Allemagne, & en même tems Méridionale aux Isles Britanniques. L'Allemagne est Occidentale à la Pologne, Orientale à la France & Septentrionale au regard de l'Italie, & ainsi des autres.

On pourra distinguer aisément les Points qui se trouveront entre ces quatre Points Cardinaux, c'est-à-dire, entre l'Orient & le Midy, entre le Midy & l'Occident, entre l'Orient & le Septentrion, entre le Septentrion & l'Occident. Ainsi on trouvera que l'Espagne est Méridionale à la France, si on la considere par rapport au Midy ; elle lui est aussi Occidentale, ayant égard à l'Occident. Mais comme l'Espagne n'est précisément ni au Midy, ni à l'Occident de la France, étant située à son égard entre les Points du Midy & de l'Occident, on pourra dire que l'Espagne est Méridionale-Occidentale à la France, & au contraire la France sera Septentrionale Orientale au respect de l'Espagne, & ainsi des autres Régions.

Pour remarquer facilement sur le Globe Terrestre la situation des lieux au respect de ces mêmes Points Cardinaux, il faut considérer que l'Equateur & les Cercles de Latitude qui lui sont paralleles, marquent précisément tous les lieux qui sont Orientaux & Occidentaux les uns aux autres; & que les Méridiens font connoître d'autre côté ceux qui font juftement pofés au Septentrion & au Midy, les uns au regard des autres. Ainfi tous les lieux pofés fous l'Equateur, ou fous l'un de fes paralleles, font Orientaux & Occidentaux entr'eux; & ceux qui font fitués fous un même Méridien, font Septentrionaux & Méridionaux les uns aux autres. Mais tous les autres lieux qui ne font pas fitués de cette maniere, déclinent de ces quatre points Cardinaux, & cela plus ou moins.

DES VENTS.

Si on fuppofe la circonférence de l'Horifon divifée en 32 parties égales par autant de cercles de pofition, ces mêmes cercles repréfenteront les 32 Vents qui font en ufage dans la Navigation. Ces Vents font diftingués en quatre premiers, quatre feconds, huit troifiémes, & feize quatriémes. En voici le dénombrement avec les noms qu'on leur donne.

Les quatre premiers font les quatre Points Cardinaux dont on a parlé, que l'on nomme Nord, Sud, Eft, Oueft, ce font les mêmes que l'on appelle Septentrion, Midy, Orient & Occident. Ces deux derniers font les Points du lever & du coucher du Soleil, aux jours des Equinoxes. On les nomme Vents Cardinaux.

Les quatre feconds, que l'on nomme Collateraux, font entre les quatre premiers, & divifent avec eux l'Horifon en huit parties égales. Ils prennent leur nom des deux premiers; car celui qui eft entre le Nord & l'Eft, s'appelle Nord-eft; celui qui eft entre le Nord & l'Oueft, fe nomme Nord-Oueft; celui qui eft entre le Sud & l'Eft, Sud-Eft; & celui qui eft entre le Sud & l'Oueft, Sud-Oueft. Ce font là les huit principaux Vents.

Les huit troifiémes font compris entre les quatre premiers & les quatre feconds. Ils prennent leurs noms des quatre premiers & des quatre feconds. Ainfi celui qui eft entre le Nord & le Nord-Eft, s'appelle Nord-Nord-Eft; celui qui eft entre le Sud & le Sud-eft, fe nomme Sud-Sud-Eft, & ainfi des autres.

Les feize quatriémes font renfermés entre les quatre premiers & les huit troifiémes. Leurs noms viennent auffi des quatre premiers & des quatre feconds, interpofant le mot de quart entre ces deux noms, & nommant toujours le Vent Cardinal ou Collateral le premier, felon que ces derniers fe trouvent voifins des Cardinaux. Par exemple, le Vent qui eft entre le Nord & le Nord-Nord-Eft, fera nommé Nord-quart-Nord-Eft, où le mot de quart eft entre le Vent Cardinal & le Collateral. On trouvera de même que le nom de Vent, qui eft entre le Nord-eft, & le Nord-Nord-Eft, eft appellée Nord-Eft-quart-Nord; celui qui eft entre le Sud-Eft & le Sud-Sud-Eft, Sud-Eft-quart-Sud; & enfin celui qui eft entre l'Oueft & l'Oueft-Nord-Oueft, Oueft-quart-Nord-Oueft; & ainfi des autres.

C ij

La figure de la Rofe des Vents qui eft fur la 2. Planche de cet Ouvrage, fait voir l'ordre & la fuite de ces 32 Vents, avec les noms ufités par ceux qui navigent fur l'Océan.

De la diftance des lieux & de la mefure de la Terre.

La diftance des lieux fe mefure fur l'arc d'un grand cercle du Globe Terreftre, qui renferme la quantité de dégrés qu'il y a d'un lieu à un autre ; & ces dégrés étant multipliez par la quantité de lieües que chaque dégré contient, felon l'ufage du Pays où l'on eft ; le produit donne la quantité de lieües de cette diftance. La moindre partie qui fe puiffe marquer fur le Globe Terreftre eft le Point, & douze Points continués les uns à côté des autres, font la ligne, qui eft à peu près de la largeur d'un grain d'orge ; douze lignes font un pouce, & douze pouces font un pied, deux pieds & demi font le Pas commun, deux Pas communs ou cinq pieds font le Pas Géométrique.

Six pieds de Paris font la Toife.

Cent vingt-cinq Pas Géométriques font le Stade.

Huit Stades ou mille Pas Géométriques, font le mille Romain. Ces mefures doivent être prifes fur le pied Romain antique, qui eft affez exactement de onze de nos pouces.

Deux mille Pas Géométriques font la petite lieue de France. Deux mille cinq cent font la commune, & trois mille, la plus grande. Chaque dégré d'un grand cercle de la Terre contient vingt grandes lieues de France, vingt-cinq moyennes & trentes petites.

Ayant obfervé exactement la différence des latitudes de deux lieues de la Terre fous un même Méridien, & mefuré le nombre des Toifes qui répond à cette différence, c'eft à-dire, la diftance de ces deux lieux, on a trouvé qu'un dégré de la circonférence d'un grand cercle de la Terre, comme d'un Méridien, eft de 57000 Toifes, mefure de Paris, ou 25 lieues moyennes de France de 2282$\frac{1}{5}$ Toifes chacune ; enfuite multipliant par 360 la valeur d'un dégré, on a reconnu que la circonférence entiere eft de 9000 lieues.

Et fuivant la proportion de la circonférence au diametre d'un cercle, comme de 355 à 113, on trouvera que le diametre de la Terre eft de 2864$\frac{28}{35}$ lieues moyennes, & le demi diametre, c'eft-à-dire, la diftance qu'il y a de la furface où nous fommes, au centre de la Terre, de 2432$\frac{14}{35}$ des mêmes lieues.

Si on multiplie le circuit de la Terre, 9000 lieues par fon diametre 2864$\frac{28}{35}$, on aura au produit 75783200 lieues quarrées ou fuperficielles pour le contenu de toute la furface de la Terre, & des eaux jointes enfemble, confidérant le Globe Terreftre comme régulier.

Si on multiplie encore cette même furface par fon demi-diametre, & qu'on prenne le tiers du produit, ce tiers donnera 12310618560 lieues cubiques pour toute la quantité solide du Globe Terreftre.

Toute la circonférence du parallele, à 60 dégrés d'élévation, eft préci-
fément la moitié de celle de l'Equateur ; fçavoir, de 4500 lieues. La circonférence du parallele à 49 dégrés, qui eft à peu près la Latitude de Paris,
eft d'environ 5904 lieues moyennes.

Suppofant le mouvement diurne de la Terre autour de fon axe, une
Ville fituée fur l'Equateur, doit parcourir 9000 lieues en 24 heures, ce
qui fait 375 lieues par heure, & 6¼ lieues en chaque minute d'heure ;
mais la Ville de Paris décriroit en 24 heures un cercle de 5904 lieues,
ce qui revient à 246 lieues par heure, & à 4 11/10 lieues pendant chaque
minute d'heure. Mais dans cette fuppofition il faut dire que ce mouvement eft fi égal & fi uniforme, que nous ne nous en appercevons pas ;
de la même maniere qu'une pirouette tournant fur fon pivot, femble être
en repos lorfqu'elle tourne uniformément, & l'on dit communément
qu'elle dort, quoique pour lors elle foit dans le plus fort de fon mouvement.

Nous avons dit qu'on partage le Globe Terreftre en fix parties principales ; nous allons indiquer brievement la fituation & les divifions de
chacune de ces parties.

L'EUROPE & *fes Divifions.*

L'EUROPE, quoique la partie la moins étendue par fon terrain, eft
la plus confidérable par fa fertilité, par le nombre & l'induftrie de fes
habitans. Elle eft bornée au Nord par la Mer Glaciale, & par une ligne
tirée de la pointe de terre qui ferme au Midy le Golphe qui eft au Midy
de l'Ifle de Candenoes ; entre la Province de Dwina & de Zirannie ; le
Duché de la grande Novogorod, & celui de la baffe Novogorod ; jufqu'au Wolga, un peu au-deffus de Nifi Novogorod, & de-là, en fuivant
les bornes Orientales du Duché de Volodimer, jufqu'à Kaffinougorod ;
de-là jufqu'à la courbure du Don en fuivant fon cours jufqu'au Palus Méo-
tide. De-là par la Mer Noire, la Mer de Marmora, l'Archipel, dont la plus
grande partie eft de l'Europe ; la Mer Méditerranée & enfuite l'Océan
jufqu'à la Mer Glaciale. Telles font les véritables bornes de l'Europe,
fuivant le P. Briet, Magin, de l'Ifle & les plus habiles Géographes. Elle
eft entre le 35 & 72ᵉ dégré de Latitude, & entre le 8 & le 90 dégré de Longitude, quoiqu'elle ne rempliffe pas tout cet efpace.

L'EUROPE contient, *dans la Terre-Ferme*, la Scandinavie, où font la
Suede, le Dannemarck, la Norwege ; la Mofcovie, la France, l'Allemagne, la Pologne, l'Italie, la Turquie en Europe ; *dans l'Océan*, les
Ifles Britanniques, qui font l'Angleterre, l'Ecoffe & l'Irlande ; de plus
l'Iflande, & le Spitzberg *dans la Méditerrannée* : les Ifles fuivantes, Sicile, Candie, Sardaigne, Corfe, Majorque, Minorque &c.

La SCANDINAVIE eft une prefqu'Ifle, qui s'étend depuis le 56, de gré de Latitude jufqu'au-delà du 71 , qui font près de 400 lieues , du Midy au Septentrion , & depuis le 23 dégré de Longitude jufqu'au 40 , fur la Mer Baltique ; & fur l'Océan , jufqu'au 60. Sa largeur n'eft que d'environ 150 lieues. Cette Scandinavie eft bornée au Septentrion & à l'Occident par l'Océan Septentrional , au Midy & à l'Orient par la Mer Baltique ; une chaîne de montagnes la coupe en deux parties prefqu'égales , dont l'une eft pofíédée par le Roi de Suede , & l'autre par le Roi de Dannemarck.

L SUEDE fe divife en SUEDE , dont les Provinces font Uplande , Weftermanie , Dalecarlie , Sudermanie , Geftricie , Helfinge , Angermanie , Bothnie ; en GOTHLANDE , où font les Provinces de Oftrogothlande , Smalande , Weftrogothlande , Schonen , Bleckinge , Hôllande ; en LAPONIE Suedoife ; en FINLANDE , dont les Provinces font Finlande , Naplande , Carelie , Kexholm. L'Ingrie & la Livonie font auffi partie de la Suede , quoique ces Provinces lui ayent été auffi enlevées avec une partie de la Finlande.

Le DANNEMARCK contient les Ifles de Zeelande & la Fyonie , & la prefqu'Ifle de Jutlande.

La NORWEGE comprend les Gouvernemens de Dronthemhus , Vardhus , Berghenhus , Aggerhus , Bahus. L'Iflande eft à l'extrêmité Septentrionale de la Nórwege , & appartiént au Dannemarck.

La MOSCOVIE : fes plus confidérables Duchés font Moskow , Wolodimer , Rezanski , Worotin , Nowogorod , Czernikow , Smolensko , Refchow , Twerski , Nowogorod , Weliki , Bielejezorski , Wologski , Jeroflawski , Reftowski , Sufdal , Nifi Novogorod , Bolgarski , Wladski , Permski , Juttorski , Bielski , Dwina , Kargapol , Ouftiugh , Petzora , Ocraina , Pole. Elle comprend auffi les Royaumes de Siberie , de Cazan , & d'Aftracan ; & les Peuples Lapons , Samoiedes , Czeremiffes , Trigoefes. La Mofcovie s'étend en Afie jufque dans la Grande Tartarie , & eft l'Etat le plus étendu de l'Europe.

La FRANCE fe divife en 39 Gouvernemens Militaires , qui font Paris , l'Ifle de France , Picardie & Artois , Champagne & Brie , Boulonois , Bourgogne , Dauphiné , Provence , Languedoc , Foix , Donezan & Andore , Rouffillon , Navarre & Bearn , Guyenne & Gafcogne , Saintonge & Angoumois ; la Rochelle & pays d'Aunis , Poitou , Bretagne , Normandie , Havre de Grace , Maine & Perche , Orleanois , Nivernois , Bourbonnois ; Lyonnois , Forès , Beaujolois , Auvergne , Haut & Bas Limoufin , Marche , Berry , Touraine , Anjou , Saumur & Saumurois , Flandre Françoife & Haynaut , Mets & pays Meffin , Lorraine & Barrois , Verdun & Verdunois , Toulois , Alface , Franche-Comté. Et en 31 Généralités ou Intendances , Paris , Picardie , Artois , Flandres Hainaut , Rouen , Caen , Alençon , Soiffons , Champagne , Metz , Alface , Bretagne , Tours , Poitiers , la Rochelle , Bourges , Orléans , Moulins , Riom , Bourgogne , Franche-Comté , Limoges ,

Lyon, Bordeaux, Aufch, Montauban, Touloufe, Montpellier, Grenoble, Provence, Rouffillon.

En 18 Archevêchés & 112 Evêchés. Sçavoir, *Cambrai*, a pour Evêchés, Arras, S. Omer, Ypres; *Reims* a pour Evêchés, Soiffons, Châlons, Laon, Senlis, Beauvais, Amiens, Noyon, Boulogne; *Paris* a Chartres, Meaux, Orléans, Blois; *Rouen* a Bayeux, Avranches, Evreux, Seez, Lifieux, Coutances; *Sens* a Auxerre, Troyes, Nevers, Bethleem; *Tours*, le Mans, Angers, Rennes, Nantes, Quimper, Vannes, S. P. de Leon, Treguiers, Saint Brieux, S. Malo, Dol, *Bourges*, Clermont, Limoges, le Puy, Tulles, Saint Flours; *Lyon*, Autun, Langres, Chalon, Macon, Dijon, S. Claude; *Vienne*, Grenoble, Viviers, Valence, Die; *Befançon*, Belley; *Embrun*, Digue, Graffe, Vence, Landeves, Senès; *Bordeaux*, Agen, Angoulefme, Saintes, Poitier, Perigueux, Condom, La Rochelle, Luçon, Sarlat; *Aufch*, Acqs, Lectoure, Cominges, Conferans, Aire, Bazas, Tarbes, Oleron, Lefcas, Bayonne; *Touloufe*, Pamiers, Montauban, Mirepoix, Lavaur, Rieux, Lombez, S. Papoul; *Alby*, Rhodès, Caftre, Cahors, Vabres, Mende; *Narbonne*, Beziers, Agde, Carcaffonne, Nifmes, Montpellier, Lodeve, Uzès, Saint Pons, Aleth, Alais, Perpignan; *Arles*, Marfeille, S. P. 3. Châteaux, Toulon, Orange; *Aix*, Apt, Riez, Frejus, Gap, Cifteron; Strafbourg dépend de Mayence; Perpignan, de Tarragone; Metz, Toul, & Verdun, de Treves.

La Généralité de Paris a 22 Elections : fçavoir Beauvais, Compiegne, Senlis Pontoife, Meaux, Coulomieres, Rofoy, Provins, Montereau Faut-Yonne, Melun, Nogent-fur-Seine, Sens, Joigny Saint Florentin, Tonnere, Vezelai, Nemours, Eftampes, Montfort l'Amauri, Dreux, Mantes.

La Généralité d'Amiens, a 6 Elections : Amiens, Abbeville, Dourlens, Peronne, S. Quentin, Montdidier.

L'Artois a la Gouvernance d'Arras, & les Bailliages de S. Omer, Bethune, Aire, Bapaume, Hefdin, Lens, Saint Paul, de Lillers.

Le Comté de Boulonois eft auffi dans la Généralité d'Amiens, de même que le Pays reconquis.

La *Généralité* de Flandres contient 13 Subdélégations, l'Ifle, Douay, Saint Amand, Cambray, Bouchain, Dunkerque, Bergues-Saint-Vinox, Bourbourg, Graveline, Caffel, Hazebrouk, Merville, Bailleul.

La *Généralité* du Haynaut comprend les Prévôtés particulières de Valenciennes, Condé, Maubeuge, le Quefnoy, Landtecy, Bavays, Avefnes, Charlemont, Philippeville, & Marienbourg.

La *Généralité* de Rouen a 14 Elections : Rouen Caudebec, Montivilliers, Arques, Eu, Neufchâtel, Lyons, Andely, Gifors, Chaumont & Magny, Evreux, Pont-de-Larche, Ponteau de Mer, & Pont-l'Evêque.

Caen a Caen, Bayeux, Carentan, Valognes, Coutances, Avranches, S. Lo, & Mortain.

Alençon a Alençon, Domfront, Falaise, Argentan, Lisieux, Bernay, Conches, Mortagne, Verneuil.

Soiſſons contient les Elections de Soiſſons, de Laon, de Noyon, Guiſe, Clermont, Creſpi, Château-Thierry.

Champagne a 12 Elections, Châlons, Rethel, Sainte Menould, Rheims, Eſpernay, Vitri-le-François, Joinville, Troye, Bar-ſur-Aube, Chaumont, Langres.

Tours, 16 Elections; ſçavoir, Mayenne, Laval, le Mans, Château du Loir, Angers, Château-Gontier, la Fleche, Baugé, Tours, Amboiſe, Loches, Chinon, Saumur, Montreuil-Bellay, Loudun, Richelieu.

Poitiers, 9 Elections; ſçavoir, Poitiers, Saint Maixant, Nyort, Fontenay-le-Comte, Thouars, Mauleon, les Sables d'Olonne, Châtelleraut, Confolens.

La *Rochelle*, 5 Elections; ſçavoir la Rochelle, Saintes, S. Jean d'Angely, Marenne & Coignac.

Bourges, 7 Elections; ſçavoir, Bourges, Iſſoudun, Chateauroux le Blant, la Châtre, Saint Amand, la Charité ſur Loire.

Orléans, 12 Elections Chartres, Dourdan, Pithivier, Châteaudun, Orléans, Beaugency, Blois, Vendôme, Romorentin, Montargis, Gien, Clameci.

Moulins, 7 Elections, Moulins, Nevers, Château-Chinon, Gueret, Montluçon, Evaux, Cannat.

Riom, 6 Elections, Saint Flours, Aurillac, Riom, Clermont, Iſſoire, Brioude.

Dijon, 5 Bailliages, Dijon, Auxerre, Châlons, Mâcon, Breſſe.

Plus cette Généralité ſe diviſe en 19 petits Bailliages & trois Elections ſçavoir, Dijon, Bar-ſur-Seine, Châtillon-ſur-Seine, Nuys, Beaune, S. Jean de Loſne, Auxonne, Auxerre, Avalon, Saulieu, Semur en Auxois, Arnay-le-Duc, Autun, Bourbon-Lanci, Mont-Cénis, Charolles, Semur en Brienois, Chalon, Macon.

Les Elections de la Généralité de Dijon ſont, Breſſe, Bugey & Valromey, Gex.

La Franche-Comté ſe diviſe en quatre grands Bailliages & en 14 petits. Les grands ſont ceux d'Amont ou de Gray, de Beſançon, de Dole, d'Aval ou de Salins.

Les 14 petits Bailliages, ſont ceux de Beſançon, de Gray, de Veſoul, de Baune, de Dole, d'Ornans, de Quingey, Salins, Arbois, Pontarlier, Lion-le-Saunier, Poligni, Orgelet, S. Claude.

Limoges a 5 Elections; ſçavoir, Limoges, Tulles, Brive, Bourganeuf, Angoulême.

Lyon a 5 Elections, Lyon, S. Etienne, Montbriſon, Roanne, Villefranche.

Bordeaux.

Bordeaux, 5 Elections, Bordeaux, Perigueux, Sarlat, Agen, Condom.

Aufch. 16 Elections, Aufch, la Lomagne, Riviere de Verdun, Aftarrac, Comminges, Couferans, le Nebouzan, Bigorre, les Quatre Vallées, les Landes, Marfan, Châlofle, Gabardan, Labour, Bearn, Baffe Navarre, Pays de Soule.

Montauban, 6 Elections dans le Querci, font le Montauban, Cahors, Figeac. Dans le Rouergue font, Villefranche, Rodez & Milhau.

Grenoble, 6 Elections, Grenoble, Vienne, Romans, Valence, Montelimart, Gap.

La *Province*, fe divife en 12 Sénéchauffées, fçavoir, Forcalquier, Cifteron, Digne, Caftelane, Graffe, Draguignan, Hiers, Toulon, Brignoles, Aix, Marfeille, Arles. La Provence fe divife auffi en 23 Vigneuries ou Comtés.

Le *Rouffillon* fe divife en Vigneurie, de Perpignan, de Conflent & en Cerdaigne Françoife.

La *Lorraine*, fe divife en 3 Bailliages, favoir, Nanci, Vaudrevange, Mirecourt.

Le *Duché de Bar* a 4 Bailliages, Bar, Baffigny, S. Michel, Clermont.

La France s'étend depuis environ le 42. dégré de Latitude jufques au 51 & depuis le 12 $\frac{1}{2}$ de Longitude jufques au 25 qui font plus de 208. lieues de longueur & de largeur. Elle a les pays-Bas au Septentrion, l'Allemagne & l'Italie vers l'Orient, & l'Efpagne au midy.

L'ALLEMAGNE s'étend du 46 degré de Latitude jufques au 54 $\frac{1}{2}$ & du 25 de Longitude jufques au 37. qui font environ 225 lieues de France de longueur, & autant de largeur. L'Allemagne a plufieurs Provinces; celles qui appartiennent à la Maifon d'Auftriche font l'Autriche, la Stirie, la Carinthie, Carniole, le Tirol, Boheme, Moravie, Haute-Silefie, le Brifgau, les Pays-Bas Catholiques. Celles qui font partagées entre les Princes de l'Empire, favoir, le Palatinat du Rhin, les Electorats Eccléfiaftiques de Mayence, de Cologne & de Treves; la Franconie, la Heffe, la Weftphalie, la Baviere, la Souabe, la Haute Saxe, le Brandebourg, la Poméranie, la Baffe Saxe.

La BASSE-ALLEMAGNE, ou Germanie Inférieure, comprend les Dix-fept Provinces des Pays-Bas. Les Provinces Catholiques font, le C. de Flandre, le C. d'Artois, le C. de Hainaut. le C. de Namur, les Duchez de Luxembourg, de Limbourg, de Brabant, la Seigneurie de Malines, le Marquifat d'Anvers. Les fept Provinces-Unies des Bays-Bas font, la Gueldre, la Hollande, la Zeelande, Utrecht, Overiffel la Frife & Groningue.

Les XIII. CANTONS SUISSES font, Berne, Fribourg, Soleure, Bafle, Schafhoufe, Zurich, Appenzeelle, Glaris, Schweits ou Suiffe, Zug, Lucerne, Underwald & Uri, Leurs Alliez font la Rep. de Geneve, le C. de Neuchaftel, la Rep. de Bienne, l'Evêque de Bafle, la Rep. de Mulhaufen, la Rep. de Rotweil l'Evêché de Conftance, l'Abbaye de S. Gal, le Pays des Grifons, le Vallais.

La POLOGNE s'étend depuis le 47 degré de Latitude jufques au 57 qui font 225 lieues & depuis le 34 de Longitude jufques au 50 environ 350 lieues. Elle contient, la Haute Pologne, la Baffe Pologne, la Pruffe, la Maffovie, la Podlaquie, la Ruffie Noire, la Lithuanie, la Samogitie, la Curlande, la Volhinie, la Podolie.

Sous le nom d'ESPAGNE font compris, *dans le milieu du Pays* la Caftille Vieille & Nouvelle, le Royaume de Leon, *vers le Septentrion,* la Gallice, les Afturies, la Bifcaye, la Navarre ; *vers l'orient,* l'Aragon, la Catalogne, la Valence, *vers le Midy,* Murcie, Grenade, l'Andaloufie ; *vers l'Occident,* les Algarves & le Portugal. L'Efpagne s'étend depuis le 36 degré de Latitude jufqu'au 44. 200 lieues de France, du Midy au Septentrion, & depuis le 9 dégré de Longitude jufqu'au 21. 200. lieues & plus.

L'ITALIE a plufieurs Etats. *Dans le milieu du Pays* font les Etats de l'Eglife, les Etats de Tofcane ; *dans la Lombardie,* la Rep. de Venife, la Savoye & le Piemont, les Duchez de Milan, de Parme & Plaifance, de Modene, de Mantoue, la Principauté de Trente, les Rep. de Genes & de Lucques ; *à l'extrêmité de l'Italie,* le Royaume de Naples. L'Italie avec fes Ifles, s'étend depuis le 36 dégré de Latitude jufqu'au 46. ½ 250 lieues de France, du Midy au Septentrion ; & depuis le 35 dégré de Longitude jufques près du 37. à peu près la même étendue d'Occident en Orient.

La TURQUIE EN EUROPE comprend, *vers le Septentrion,* la Romanie, la Bulgarie, la Servie, la Bofnie, la Croatie, la Dalmatie ; *vers le Midy,* la Macédoine, la Theffalie, l'Epire, l'Achaïe, la Morée ou le Peloponefe ; aufquelles on peut encore ajouter la Walachie, la Moldavie, la petite Tartarie. Sa Latitude eft depuis le 35 dégré jufques au 48 & depuis le 37 dégré de Longitude jufques au-delà du 48.

Les Ifles de l'Europe dans l'Ocean font, les Ifles Britanniques, ou la grande Bretagne, qui comprend l'Angleterre & l'Ecoffe, & la petite Bretagne ou l'Irlande, l'Iflande ; les Ifles Orcades, les Ifles de Schetland, les Ifles de Fero. Le long des Côtes de France les Ifles de Jerfey & de Garnefey, les Ifles de Rhé d'Oleron & Belle-Ifle.

L'ANGLETERRE eft renfermée entre le 50 & le 56 dégré de Latitude, & entre le 12 & le 19 de Longitude. Elle fe divife en Principauté de Galles, qui a 6 Comtez ou Provinces au Septentrion, & 7 au Midy, & en Angleterre propre où il y a 39 Comtez ou Provinces ; favoir, 9 au Midi, 7 à l'Orient, 17 au milieu du Royaume, & 6 au Nord.

L'ECOSSE fituée au Nord de l'Angleterre fait une Ifle avec elle. Ce Royaume a 380. milles de longueur, & 190 milles de largeur. On le divife en 35 petites Provinces que l'on diftingue en Méridionales, & en Septentrionales par rapport au Tay qui les fépare.

L'IRLANDE, l'une des Ifles de la Grande Bretagne, au Couchant de laquelle elle eſt ſituée. Sa partie la plus Septentrionale eſt par les 55 d. 20. m. de Latitude , & ſa partie Méridionale par les 51. d. 20. m. Sa Longitude eſt depuis 7 d. 10 m. juſqu'à 12 d. 5 m. On diviſe l'Irlande en quatre Provinces, celles d'Ulſter ou l'Ultonie où il y a 9 Comtez; celle de Connaught ou la Connacie, où il y a 6. Comtez; celle de Leinſter ou la Lagenie , où il y a 12 Comtez, & celle de Munſter ou la Mommonie où il y a 5. Comtez.

L'Europe a pluſieurs Iſles dans la Mer Méditerranée; les plus grandes ſont, la Sicile, Sardaigne, Corſe, Candie, Majorque, Minorque. Yvice. Entre les moindres ſont, les Iſles d'Hyers ſur les côtes de France ; l'Iſle d'Elbe ſur la côte d'Italie ; Corfou & Zante , & les Cyclades ſur les côtes de la Turquie en Europe.

Les Rivieres les plus conſidérables de l'Europe ſont le Wolga, le Tanaïs & le Boriſthene en Moſcovie; le Danube, le Rhein, le Weſer, l'Elbe & l'Oder en Allemagne ; la Seine, la Loire , le Rhône & la Garonne en France ; la Meuſe dans les Pays-Bas; la Tamiſe en Angleterre; la Viſtule & le Nieper en Pologne ; le Tage & l'Ebre en Eſpagne ; le Tibre & le Pô en Italie; le Danube après avoir traverſé l'Allemagne & la Hongrie prend ſon cours dans les Etats du Grand Seigneur, & décharge ſes eaux dans la Mer Noire , après un cours de 600 lieues.

L'ASIE & ſes Diviſions.

L'Asie , qui a été habitée avant les autres parties de la Terre , eſt ſéparée de l'Europe par l'Helleſpont , la Propontide , le Pont Euxin & la Dwina depuis l'embouchure du Tanaïs juſqu'au deſſus d'Archangel , comme on l'a dit en parlant des bornes de l'Europe. On croit que l'Aſie eſt par-tout ailleurs entourée par l'Océan. Le Golphe de la Mer Rouge la ſépare de l'Afrique; mais on ignore ſi elle ne communique point avec l'Amérique. Elle s'étend depuis l'Equateur juſqu'au delà du Cercle Polaire, & comprend 74 degrez de Latitude , & 160 dégrez de Longitude.

L'Aſie a environ XL. Etats Souverains , entre leſquels il y a IV. Empires entiers , qui ſont la Perſe, le Mogol, la Chine & le Japon; partie de deux autres Empires, celui de Turquie , & celui de la Moſcovie, XXXI. Royaumes principaux & trois Dominations des Européens; enfin pluſieurs Peuples Vagabons.

L'Aſie a dans la Terre-Ferme la Turquie, en Aſie, la Georgie, la Circaſſie, l'Arabie, la Perſe, l'Inde, la Chine, la Tartarie; *dans la Mer Oceane* , les Iſles Maldives, Ceylan, la Sonde, les Moluques , les Philippines, le Japon; *dans la Mer Méditerranée* , les Iſles de Chypre de Rhodes , de Scio, de Metelin.

La Turquie en Aſie ſe diviſe en Turcomanie Diarbeck, & Sorie qui contient la Sorie propre, la Phenicie & la Terre ſainte,

La GEORGIE comprend Imereti, Odifci, Guriel, Balatralu, Carduel, & Kacheti. Elle eft fituée entre la Mer Noire & la Cafpienne.

La CIRCASSIE comprend la Circaffie, le Dageftan, & les Abaffa.

L'ARABIE fe divife en Barraab, ou Arabie Petrée ; en Beriara, ou Arabie deferte ; & en Hyaman, ou Arabie Heureufe, qui s'avance entre la Mer Rouge, le Golfe d'Ormus & l'Ocean Indien.

La PERSE a vers la Mer Cafpienne les Provinces, Erack Atzem, Adirbeitzan ; Iran, Scrivan, Kilan, Mafanderan, Chorafan. Ses provinces, vers les Indes, font Sabluan, Sitziftan ; fur les Golfes de Balfora & d'Ormus, Fars, Chufiftan, Kirman, Makran. La Perfe contient environ 450 lieues de longueur & 500 de largeur.

L'INDE dont la Terre ferme paffe fous le nom de Mogol, Ses Provinces, *dans le milieu du Pais*, font Delli, Agra, Jenupar, Lahor, Hendous, Jeffelmere, Bandor, Chitor, Candis, Barrat, Malway, Gualeor, Narwar, Samball, Baxar, Jamba, Patna Jefval, Udeffa, Mewat; *vers la grande Tartarie*, font Cabul, Attock, Kachemire, Bankifch, Naugracut, Kakares, Gor, Siba, Pitan, Kanduana; *vers la Perfe*, font Candahar, Haiacan, Multan, Buckar; *fur les Côtes*, font Tatta, Soret, Guzurat, Bengala. L'Empire du Mogol tient du Midi au Septentrion 500 lieues; de l'Occident en Orient environ 700 lieues.

Dans l'Inde font deux prefqu'Ifles, dont celle qui eft deçà le Gange fe divife en Decan, Golconde, Bifnagar, Malabar. Elle s'étend depuis les Etats du Mogol jufques au 8 dégré en deçà l'Equateur. La prefqu'Ifle de l'Inde de-là le Gange, comprend les Royaumes de Pecu, Siam, Tunquin, Cochinchine, & s'étend jufqu'à la Chine & à la Mer des Ifles Philippines vers l'Orient.

La CHINE a plufieurs Provinces, dont les plus Septentrionales font Pekin, Leaotung, Xantung, Xanfi, Xenfi, Honan. Les provinces Méridionales font Nanquinck, Chekiang, Foxien, Quantung, Quanfi, Youn-nan, Kianfi, Huquan, Suchuen, Queicheu, la prefqu'Ifle de Corée. Ce vafte Empire s'étend depuis la Forterefle de Cai-pim, dans la province de Pekin, au 41 degré de Latitude, jufqu'à la pointe Méridionale de l'Ifle de Hai-nan, au 18 degré, & ainfi occupe 23 degrez du Nord au Sud, & fa longueur eft felon les Chinois de 575 lieues de France. Mais fa longueur fe trouvera de 750 lieues de France, fi on la prend de fa Frontiere au Nord-Eft de Zai-Yven, dans la Province de Yonu-nan. Sa largeur eft depuis la pointe de Nimpo jufqu'à l'extrêmité de la Province de Suchuen, & de 426 lieues de France, & de 500 lieues depuis la province de Leaotung jufqu'à celle de Xenfi. La Chine eft bornée à l'Orient par la Mer Orientale, au Septentrion par une longue muraille qui la fépare de la Tartarie, à l'Occident par des Montagnes & des Defets de Sable, & au Midi par l'Ocean Méridional, le Tunquin, la Cochinchine, &c.

La **Tartarie** a plufieurs grandes Regions, dont les plus connues font Kin, Tanju, Mawranalhara, Kaſghar, Kalmuchi, Buchar. Les Regions les moins connues fon Tibbet, Naymons, Moalats, Mongal, Karakatay.

Les Iſles **Maldives**; leur grand nombre eſt réduit fous treize Attol-lons.

L'Iſle de **Ceylan** renferme celles de Sumatra, de Java où eſt Batavia.

Les Iſles de la **Sonde** où fon Baly, Madura, Borneo, & Cumbava.

Les Iſles **Molucques** comprennent les Molucques qui font Ternate, Tidore, Motir, Machian, Bachian, avec les Iſles de Gilolo, de Célébes, de Ceram, de Timor, de Flores, de Solor, de Bande, & d'Amboina.

Les Iſles **Philippines**, où font Luçon Mindaneo, Laragoya, Tandaye, Mindora, Cebu, Maran, Abuyo, Negoas, Panuyotton, Rebujan.

Les Iſles du **Japon** fon comprifes fous les noms de l'Iſle de Ximo, ou Saicock, de l'Iſle de Xicoco, ou Tokoeſi, de l'Iſle de Niphon qui fe divife en Jamayſoit, Jetſengo, Jetſegen, Quanto, Ochio.

Les Iſles de la Mer Méditerranée, dont les plus grandes font Chypre, Rhodes, Scio, Metelin, Samos. Les moindres font Lango, Nicaria, Nacſia, Patmo, Loro, Morgo, Stampalia, Scarpanto. Les principales Rivieres de l'Aſie font, le Tigre dans le Diarbeck; l'Eufrate dans la Turcomanie, entre l'Arabie & le Diarbeck; l'Inde & le Gange dans l'Empire du Mogol; le Menan dans la prefqu'Iſle Orientale de l'Inde, qui fe jette dans le Golfe de Siam; le Pegu ou l'Aux & le Mecou dans la même Prefqu'Iſle, qui s'écoulent dans l'Ocean Oriental; le Kiam ou Riviere bleue, & le Hoamko, ou Riviere jaune dans la Chine; l'Obi, le Tachemin, & le Lena dans la Tartarie; le Lamur & Jaocartes en Tartarie.

L'AFRIQUE ET SES DIVISIONS.

L'**Afrique**, troiſieme Partie du Monde connu & habité, comprend tout le Pais qui eſt enfermé entre la Mer Méditerranée, l'Ocean, la Mer Rouge & le bras du Nil le plus Oriental qui entre dans la Mer Méditerranée vis-à-vis l'Iſle de Chypre. L'Afrique s'étend depuis le 37 degré, de Latitude Septentrionale, juſqu'au 35 de Latitude Méridionale & depuis le 1. degré de Longitude juſqu'au 71, de forte que du Nord au Sud elle a mille quatre-vingt lieues d'Allemagne ou quatorze cent quarante lieues de France depuis le Cap de Bon en Barbarie juſqu'au Cap de Bonne Eſperance. Elle s'étend d'Occident en Orient depuis le 1 degré juſqu'au 71 degré de Longitude, ce qui fait 1065 lieues Géographiques en ce fens-là. Ses bornes font, au Septentrion la Méditerannée, à l'Orient, l'Iſtme de Suez qui la fépare de l'Aſie, la Mer Rouge, & l'Ocean Orien-

tal ; au Midi, la Mer d'Ethiopie ; & à l'Occident, l'Océan Atlantique
L'Equateur la coupe par le milieu, & les deux tiers de ce grand Païs
font dans la Zone Torride. On le divife en quatre parties. La 1. eft
le Païs des Blancs, favoir l'Egypte, la Barbarie, la Numidie ou Biledulgerid, & Zaara ou le Defert : la 2. les Païs des Noirs qui font la Nigritie, la Guinée & la Nubie ; la 3. l'Ethiopie, que l'on peut fubdi-
vifer en haute ou Abiffinie, & en baffe qui contient le Congo, le Monomotapa, la Cafrerie & le Zanguebar ; la 4. les Ifles.

La **Barbarie** comprend les Royaumes de Maroc, de Fez, d'Alger,
de Tunis, de Tripoli, & de Barca.

L'**Egypte** a quatre parties ; l'Egypte Baffe, où font Damiete, Rofet-
te, Alexandrie, &c. l'Egypte Moyenne, où font Memphis, le vieux
& le Nouveau Caire ; l'Egypte Haute ; la Côte de l'Egypte fur la Mer
Rouge, où eft Suez.

Le **Biledulgerid**, dont les Regions les plus avancées vers l'Occident,
font Teffet, Dahra, Tafilet, Segelmeffe, Tigorarin. Les Regions les
plus avancées vers l'Orient, font Zub, le Biledulgerid, le Defert de
Barca.

Le **Saara** ou le **Desert**, où font les Deferts de Zan, Haga, Zuen
Ziga, Lempta ou Suma, Berdoa, Googa ou Kaugha, Borno.

La **Nigritie** ou **Pais des Negres**, où font au Septentrion du fleuve
Niger, Gualata, Genehoa, Tombut, Agades, Cano, Caffena, Gan-
gara ; *au Midi au Niger,* Zanfara, Zegzeg, Guber, Gago, Mandigue,
Soufos, Melli ; *entre les branches du Niger* font les Peuples Jalofes,
Gafangas, Bijagos, Biafares.

La **Guinée** a trois parties, le Royaume de Benin, la Guinée propre, & la Malaguette.

La **Nubie** comprend divers Païs fur le Nil, dans les Terres, & le
Defert de Zeü.

L'**Abissinie** a plufieurs Royaumes, dont les principaux font Barna-
gaffor, Tigremahon, Angote, Bgameredi, Dambea, Goyame, Cafa-
tes, Amahara, Xoa, Damut, Narea, Fategar, Dobas.

Le **Zanguebar** fe divife en Zanguebar propre, la Côte d'Ajan, &
la Côte d'Abex. Le Zanguebar propre contient les Royaumes de Lamon,
de Melinde, de Monbaze, de Quiloa, de Mofambique & de Mongo-
glo, Penda, Zanzibar, &c. La Côte d'Ajan où font les Royaumes d'A-
bel, d'Adea, Dancala. La Côte d'Abex où font les Arquico, Maczua,
Suaquem, & le Royaume Dangali.

Le **Congo** comprend le Congo propre, Angola, Loanga, les Anzi-
cains, Cacongo, Gabon, Cacombe, Pongo, Biafara, Medra.

Le **Monomotapa** fe divife en Monomotapa propre qui contient
Butua, & en Monœmugi qui comprend Chicoua, Manica, Moca, Inha-
baze, Sacumbe, Galas.

La **Caffrerie** ou Côte des Cafres où font Malemba, Mataman, les
Cafres, Chicanga, Sedanda, Zofala & Quiteva.

Les Ifles de l'Afrique dans l'Ocean font l'Ifle de Madere, les Ifles
Canaries, celles du Cap Verd, l'Ifle de Madagafcar ou Ifle Dauphine
ou S. Laurent, l'Ifle de Zocotora. Dans la Méditerannée eft l'Ifle de
Malte.

Les grandes Rivieres de l'Afrique font le Nil qui prend fa fource au
Royaume de Goyame dans l'Abiffinie, traverfe l'Egypte, jufqu'à la
Mer Méditerranée ; le Niger, qui paffe au milieu du Pais des Negres
& fe va rendre dans l'Ocean ; le Zaïre dans le Congo, le Zembere, le qui
décharge fes eaux dans le Monœmugi.

L'AMERIQUE ET SES DIVISIONS.

L'Amerique eft la plus grande des quatre parties du Monde connu.
On n'en connoît point les bornes au Nord, parce que les glaces & les
vents furieux qui foufflent du Septentrion, ferment le paffage à ceux qui
veulent pénétrer plus avant. Mais du côté de l'Occident on a découvert
depuis le Détroit de Magellan jufqu'au 24e. dégré de Longitude à la
hauteur de 167 degrés de Latitude Septentrionale. Du côté du Midi
elle s'étend jufqu'au 345 degré de Longitude où gît le Recif de Per-
nambuco. L'Amerique fe divife en Septentrionale & en Méridionale.

L'Amerique Septentrionale contient, *dans la Terre-Ferme*, outre les Terres Arctiques, le Canada, la Floride, la N. Efpagne, le N.
Mexique, la N. Angleterre, l'Acadie, la Penfilvanie, la Virginie, la
Georgie, la Terre de Jeffo ; *dans la Mer*, les Ifles de Terre-Neuve,
les Antilles.

La Floride contient divers Pais découverts par les Efpagnols & par
les François, à l'Orient & à l'Occident de la Riviere de Chucaga.

Dans la N. Espagne ou Mexique font les Provinces de Guadala-
jara, Xalifco, Chametlan, Culiacan, Cinaloa, Neueva Bifcaia, Za-
catecas, Panuco, Tlafcolo ou los Angeles, Cuaxaca, Chiapa, Taba-
co, Jucatan, Vera-pax, Guevetlan, Guatimala, Honduras, Nicaragua,
Cofta Rica, Veraga.

Le N. Mexique a divers Peuples & Provinces à l'Occident & à l'O-
rient de la Riviere du Nort. La Californie, qu'on a cru une Ifle, eft
jointe au Continent du Mexique.

Dans la Terre de Jesso font la Terre de la Compagnie, & la Terre
des Etats.

Les Ifles Antilles. On appelle grandes Antilles les Ifles de Cuba,
la Jamaïque, l'Hifpaniola ou S. Domingue, Porto-cico, qui font environnées d'un grand nombre d'autres Ifles. Sous le nom d'Antilles font
auffi comprifes, les Ifles Caribes qui fe divifent en Barlovento & Set-
tovento, parmi lefquelles font entr'autres, S. Chriftophle, la Guadeloupe, la Martinique, Curaçao, &c. & les Ifles Lucayes au Nord, au
Midi & fous le Tropique de l'Ecreviffe.

Il y a deux grands Fleuves dans l'Amerique Septentrionale ; la Riviere de Canada ou de S. Laurent dans la N. France, qui va se rendre au Golfe de S. Laurent dans la Mer du Nord ; & la Riviere de Mississipi qui traverse la Louisiane, allant du Septentrion au Midi, & qui se termine au Golfe du Mexique.

L'AMERIQUE MERIDIONALE contient la Terre-ferme, le Perou, la Riviere des Amazones, le Chili, la Terre Magellanique, le Paraguai, le Bresil ; & dans la Mer les Isles Magellaniques.

La TERRE-FERME se divise en 11 Provinces. Les plus Occidentales, sont, Terre-Ferme où sont Panama & Porto-Belo, Cartagene, Popayan, le N. Royaume de Grenade, Ste. Marthe, Rio de la Hacha, Venezuela ; les plus Orientales sont, Nueva Andaluzia, Caribane, Guiane, Paria.

Le PEROU, dont les Provinces Septentrionales sont le Popayan Méridional, Los Quixos, Paçamores ; les Méridionales sont, le Perou, Los Charças, la Sierra.

La Riviere des AMAZONES, qui borne le Bresil au Nord, prend sa source, dit-on, au pied d'une chaîne de Montagnes nommée Cordelieres, environ 8 ou 10 lieues à l'Est de Quito dans le Perou. Après un cours d'environ 1200 lieues ou plus, suivant quelques Auteurs, elle va se jetter dans l'Ocean Atlantique entre le Cap du Nort sur la côte de Guaiane, & le Cap Zaparara sur celle du Bresil. Sa largeur à son embouchure est de 50 à 60 lieues. Ce grand fleuve arrose un vaste pais, habité par un nombre infini de différentes Nations.

Le CHILI est divisé en trois Gouvernemens ; le Chili, où sont les Pais de la Serena, de Quillata, de S. Iago, de Chili ; le Chucuyto, où sont les Pais de S. Juan de la Frontera, de Mendoza ; l'Impérial, où sont les Pais de Villa Rica, d'Angol, de Chillan, de la Conception, d'Imperial, de Valdivia, d'Osorno, & l'Isle de Chilue ou Chiloa.

La TERRE MAGELLANIQUE comprend divers Peuples & plusieurs Isles sur les Côtes Occidentales & Méridionales.

Le BRESIL est divisé en 14 Capitaineries ; trois sur la Côte Septentrionale, savoir celles de Para, de Maragnan, Siara ; neuf sur la Côte Orinetale, qui sont celles de Rio-Grande, de Paraiba, de Tamaraca, de Fernambuco, de Seregippe, de Bahia de Todos los Santos, de Ilheos, de Porto-Seguro, de Spiritu Santo ; deux sur la Côte Méridionale, celles de Rio Janeiro, & de S. Vincente. Il y a encore un grand nombre de Peuples dans les Terres & sur les Côtes du Bresil.

Le PARAGUAY contient 7 Provinces ; Guayra, le Paraguay, Parana & Uraguay deça le fleuve Paraguay ; la Province de Rio de la Plata, deça & de-là le fleuve Paraguay ; celles de Tucuman, & de Chaco, de-là le fleuve Paraguay.

L'Orinoque ou Paria & la Riviere des Amazones, deux grands Fleuves de l'Amérique Méridionale qui reçoivent beaucoup de Rivieres, se

jettent

jettent dans la Mer du Nord; & le Fleuve Paraguay, qui reçoit Rio de la Plata & d'autres Rivieres, se jette dans la Mer du Paraguay.

Les Terres Arctiques, qui font une partie confidérable du Globe, font au Nord de l'Europe, de l'Afie & de l'Amerique. On ne connoit de ces Païs que certaines parties vers quelques côtes. Malgré les glaces & les dangers de la Navigation, on a découvert la Nouvelle Zemble, la nouvelle Irlande & le Spitzberg au Nord de l'Europe; le Groenland, les Ifles de Cumberland & de Raleigh, du N. Dannemarck, & la Terre de Jeffo, au Nord de l'Amerique & de l'Afie.

Dans les Terres Australes, ou Antarctiques, on connoît au Midi, la nouvelle Zelande, la Terre de Diémens; & au Nord, la nouvelle Hollande, Carpentaria, la Terre Auftrale de Spiritu Santo *ou* Terre de Quir, & les Ifles de Salomon. On les appelle *Auftrales* parce qu'elles font vers le Pole oppofé à celui du Nord. On appelle *Mer* Auftrale cette partie de l'Ocean que l'on traverfe avant que d'arriver à ces Terres. On dit *Latitude Auftrale*, pour dire Méridionale, c'eft-à-dire, celle dont les degrez fe comptent depuis l'Equateur jufqu'au 90 degré de quelque Méridien que ce foit vers le Pole Antarctique.

DE L'HYDROGRAPHIE.

L'Hydrographie, qui fait partie de la Géographie, eft la defcription des eaux répandues fur la furface de la Terre, & qui forment les Continens & les Ifles.

L'eau fe divife en Mer, Lacs & Rivieres. La Mer eft toute l'étendue des eaux qui environnent la Terre. La Mer qui environne l'ancien Continent, c'eft-à-dire, l'Europe, l'Afie & l'Afrique, eft nommée Ocean, & celle qui environne le nouveau Continent, c'eft-à-dire, l'Amerique, retient le nom de Mer.

Dans toutes les Mers on diftingue principalement les Détroits & les Golfes. Les Détroits font des parties de Mer beaucoup refferrée entre deux terres voifines, & fort proches l'une de lautre. De forte qu'elles ne font féparées que par le petit efpace d'eau qui forme le détroit. C'eft de cette maniere qu'eft le détroit de Gibraltar, qui eft entre l'Europe & l'Afrique; celui de Conftantinople & plufieurs autres. Mais les Golfes font de grands efpaces de Mer qui entrent fort au dedans des terres, & qui fervent à former dés prefqu'Ifles, comme le Golfe de Bengale en Afie, celui de Venife en Europe & celui du Méxique en Amerique. La Mer Méditerranée qui fépare l'Europe de l'Afrique, la Mer Baltique qui avance dans le fond des terres de la Suede, & la Mer Rouge, qui eft entre l'Afrique & l'Afie, font trois Golfes aufquels on a donné le nom de Mer à caufe de leur grandeur.

Les Lacs font de grandes étendues d'eaux environnées de terre, & qui n'ont aucun paflage pour fe jetter dans les Mers qui en font fépa-

E

34

rées. La Mer Caspienne est un Lac en Asie au Nord de la Perse, que l'on a nommé Mer à cause de sa grande etendue.

Pour les Rivieres, ce sont des eaux qni ont peu de largeur, & coulent toujours sur la terre, depuis l'endroit de leur source jusqu'à la Mer, où elles achevent leur cours.

Division de l'Océan.

On divise l'Ocean en quatre principales parties : la 1e l'Ocean Oriental; la 2e l'Ocean Méridional; la 3e l'Ocean Occidental; la 4e l'Ocean Septentrional.

Outre ces dénominations de l'Ocean qui se font au regard des quatre Points Principaux, il y en a encore d'autre qui se tirent des noms des grandes parties de la Terre environnées de l'Ocean; de sorte qu'avec la dénomination d'Oriental, on lui ajoute encore celle d'Indien à cause des Indes, qui font une des plus considérables Regions de l'Asie qui en sont baignées. Avec le nom de Méridional on lui donne encore celui d'Ethiopien, parce que la grande partie d'Afrique, que l'on nomme Ethiopie, en est environnée; ainsi de même lui donne-t-on le nom d'Atlantique, à l'occasion du Mont-Atlas qui en est proche; & celui de Glacial, à cause des glaces qui sont ordinairement dans l'Ocean Septentrional. Voilà donc l'Ocean divisé en quatre principales parties, qui sont,

L'OCEAN ORIENTAL ET INDIEN,
L'OCEAN MERIDIONAL ET ETHIOPIEN,
L'OCEAN OCCIDENTAL ET ATLANTIQUE,
L'OCEAN SEPTENTRIONAL GLACIAL,

L'Ocean Oriental se divise en trois Mers, qui sont la Mer de la Chine, la Mer de l'Inde, & la Mer d'Arabie.

L'Ocean Méridional se divise aussi en trois Mers, qui sont la Mer de Zanguebar, la Mer des Cafres, & la Mer de Congo.

L'Ocean Occidental comprend six Mers particulieres, savoir la Mer de Guinée, la Mer du Cap-Verd, la Mer des Canaries, la Mer d'Espagne, la Mer de France, & la Mer Britannique, qui est à l'Occident des Isles Britanniques.

L'Ocean Septentrional contient quatre Mers, la Mer d'Allemagne, la Mer de Dannemarck, la Mer de Moscovie, & la Mer de Tartarie.

Divisions de la Mer, renfermée dans l'Hémisphere du Nouveau Monde.

Cette Mer se divise en trois grandes parties, savoir la Mer du Nord, la Mer du Sud ou Pacifique, & la Mer Magellanque. On appelle la Mer du Sud Pacifique, parce qu'elle est presque toujours calme.

La Mer du Nord se subdivise en quatre Mers particulieres, qui sont la Mer de Canada ou de la Nouvelle France , la Mer du Mexique ou de la Nouvelle Espagne , la Mer du Nort particuliere , & la Mer du Bresil.

On divise aussi la Mer du Sud ou Pacifique en quatre Mers, savoir la Mer de Jesso , la Mer de Californie ou du Nouveau Mexique , la Mer du Sud porticuliere , & la Mer du Pérou.

La Mer Magellanique en contient trois moindres qui sont la Mer de Chili , la Mer Magellanique particuliere , & celle du Paraguay.

Des Golfes de l'Ancien & du nouveau Continent.

On considére deux sortes de Golfes , les grands & les petits. Les grands sont ceux à qui on a donné le nom de Mers , & les autres ont retenu le nom de Golfes.

Il y a deux grands Golfes dans notre Continent, savoir la Mer Méditerranée, qui est entre l'Europe & l'Afrique ; la Mer Baltique , qui est au fond des Terres de la Suede. Il y a aussi un grand Golfe dans le Continent de l'Amerique , le Golfe ou la Mer de Mexique , contenu entre les deux Ameriques , & les Isles Antilles.

Dans l'Ocean sont, le Golfe d'Ethiopie ou de S. Thomas, les Golfes d'Ormus, de Cambaye , de Bengale , de Siam ou de Camboye , de la Cochinchine , de Nanquin où de Kang, la Mer Blanche dans l'Ocean Septentrional.

Dans la Mer Méditerranée, sont le Golfe de Lion, aux Côtes Méridionales de France ; le Golfe de Venise , entre l'Italie & la Gréce ; l'Archipel, la Mer de Marmara , la Mer Noire & la Mer de Zabache.

Dans la Mer Baltique, se trouvent le Golfe de Dantzic en Pologne ; le Golfe de Riga en Livonie ; le Golfe de Finlande , entre la Finlande & la Livonie ; le Golfe de Botnie , qui fait la partie Septentrionale de la Mer Baltique.

Dans le N. Continent il n'y a que deux moindres Golfes ; celui de S. Laurent dans la N. France ; & celui de Panama dans l'Isthme du même nom.

Des Détroits les plus renommés.

Dans notre Continent les plus fameux Détroits, sont, *dans l'Ocean,* le Détroit de Babel-Mandel , qui est entre l'Asie & l'Afrique , & joint la Mer Rouge à l'Ocean ; le Détroit de Manar, entre la Presqu'isle Occidentale de l'Inde & l'Isle de Ceylan ; le Détroit de Malaca, qui sépare l'Isle de Sumatra de la Presqu'Isle Orientale de l'Inde ; le Détroit de la Sonde , entre les Isles Sumatra & de Java.

Du côté l'Europe , sont le Détroit ou le pas de Calais , qui sépare l'Angleterre de la France ; le Détroit du Sund, qui joint l'Ocean à la Mer Baltique , entre l'Isle de Zeelande & la Suede ; le Détroit de Wei-

gats , entre la Moſcovie & la N. Zemble ; le Détroit de Zungar , entre
les Iſles du Japon & la Tartarie Orientale ; le Canal de Pieko entre
une Iſle nommée Terre-des-Etats & la Tartarie Orientale ; & le Détroit
d'Uriez, entre l'Iſle précedente & la Terre de Jeſſo.

Dans la Mer Méditerrranée , ſont le Détroit de Gibraltar ; qui ſépare
l'Europe de l'Afrique , & qui joint la Mer Méditerranée à l'Ocean Occidental ; le Détroit de Meſſine entre l'Italie & la Sicile , le Détroit de
Gallipoli ou des Dardanelles, qui joint l'Archipel à la Mer de Marmara ;
le Détroit de Conſtantinople, qui joint la Mer de Marmara à la Mer
Noire ; le Détroit de Capha qui eſt entre la Mer Noire & la Mer de Zabache.

Dans le Nouveau Continent , il y a ſix Détroits conſidérables ; le Détroit de Magellan, qui paſſe entre la Terre Magellanique & la Terre de
feu ; le Détroit de la Maire & celui de Browers, ceux de Hudſon, de
Davis & de Forbiſſer aux environs des Terres Arctiques. Entre le N. Mexique & la Californie , on trouve la Mer Vermeille qui peut auſſi paſſer
pour un Détroit ; mais d'une longueur & d'une largeur bien plus étendue
que les autres.

Des Lacs.

Les plus grands Lacs auxquels on a donné le nom de Mer ſont dans
notre Hemiſphere , la Mer Caſpienne aux Côtes Septentrionales de la
Perſe ; & dans l'Amérique le Lac de Tracy dans le Canada.

Les moindres Lacs *dans notre Continent* ſont , en Afrique , les Lacs
de Borno & de Garde au Pays des Negres ; le Lac de Niger, entre le
Congo & l'Ethiopie particuliere ; & les Lacs de Zanflan & de Zaire dans
l'Ethiopie. En Aſie eſt le Lac de Chiamay ou Chimoy , dans la partie
de la Tartarie Méridionale, entre la Chine & le Mogol. En Europe
ſont les Lacs de la Doga & Donega , entre la Suede & la Moſcovie,
celui de Wenes en Suede , celui de Geneve entre la Savoye & la
Suiſſe , & le Lac de Garde dans les Etats de Veniſe , & qui communique par le Menzo au Lac de Mantoue.

Dans le Continent de l'Amérique , on trouve quatre Lacs ; celui de
Nicaragua dans la N. Eſpagne ; & Lacs des Ilinois ; d'Erié, & de Fron-
tenac dans la N. France.

Pour ce qui eſt des Rivieres, on a indiqué les plus conſidérables,
après les Diviſions Géographiques de chaque Partie de la Terre.

L'Auteur donne des Maîtres pour enſeigner la Géographie,
& des Maîtreſſes pour les Couvens ; fait lever &
deſſiner toutes ſortes de Plans & Cartes.

TABLE

DE L'ATLAS GENERAL.
TOME PREMIER.

On trouve chez l'Auteur des Cartes & des Plans de toutes grandeurs & de tous Pays.

UN Atlas *fol.* contenant les quinze principales Cartes. } pour les

Un Atlas *fol.* contenant quatre-vingt-cinq Cartes. } Commen-

Un autre *fol.* de cent cinquante Cartes les plus néceſſaires. } çans.-

Un autre, *fol.* contenant les Siéges & Batailles des Guerres de 1740.

Les Campagnes de 1733, 34, 35 ſur le Rhin, *in-4.*

L'Hiſtoire des Iſles de Gerſay, Guerneſay, *in-8.*

Les Côtes Maritimes de France en cinquante Cartes, *in-4.*

Toutes les Batailles de la préſente Guerre.

Plus, toutes les Cartes imprimées en Allemagne, en Italie, en Hollande & en Angleterre.

Le nouveau Plan de Rome en 17 feuilles.

Des Eſtampes colorées pour les Optiques.

Un Traité des Mines du Camp de Compiegne en 1739.

Les attaques des Places par M. de Vauban.

Le Parfait Aide de Camp, utile à tous les Militaires.

L'Itinéraire de toutes les Routes de l'Angleterre en 101 Cartes *in-4.*

L'Ingénieur perfectionné, ou Traité complet de Fortifications, *in-fol.*

La Topographie de Merian, contenant les vues des Villes, Bourgs & Châteaux de la France, de l'Allemagne, de l'Italie & des Pays-Bas, en 14 vol. *in-fol.* avec un Catalogue général François, contenant 2000 Vues & 100 Cartes de Géographie.

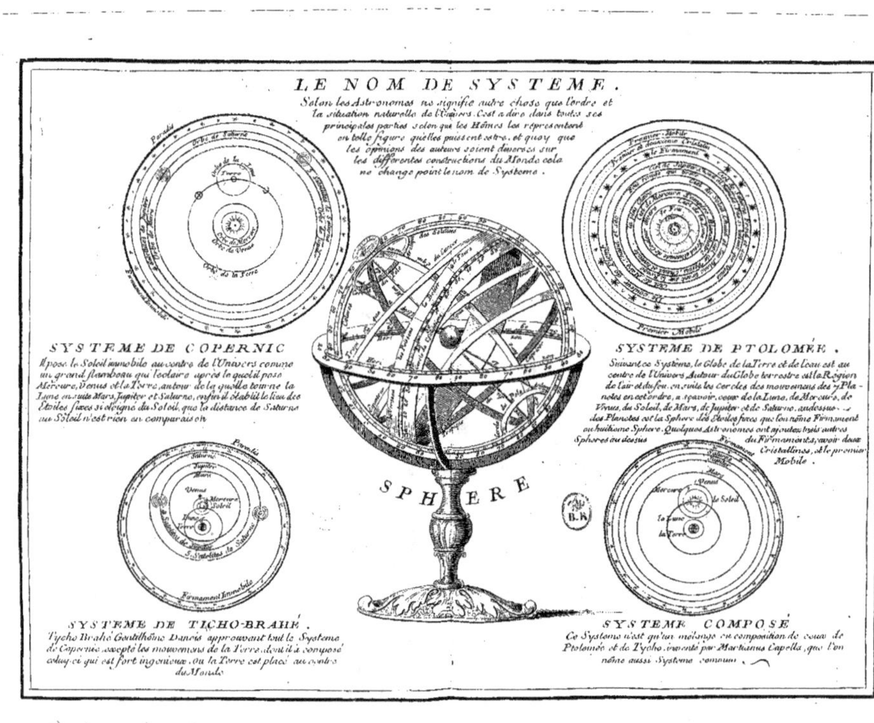

LE NOM DE SYSTEME.
Selon les Astronomes ne signifie autre chose que l'ordre et
la situation naturelle de l'Univers. C'est a dire dans toutes ses
principales parties selon que les Hômes les représentent
en telle figure qu'elles puissent estre, et quoy que
les opinions des auteurs soient diverses sur
les differentes constructions du Monde cela
ne change point le nom de Systeme.

SYSTEME DE COPERNIC
Il pose le Soleil immobile au centre de l'Univers comme
un grand flambeau qui l'eclaire après le quel il pose
Mercure, Venus et la Terre, autour de la quelle tourne la
Lune ensuite Mars, Jupiter et Saturne, enfin il établit le lieu des
Etoiles fixes si éloigné du Soleil, que la distance de Saturne
au Soleil n'est rien en comparaison.

SYSTEME DE PTOLOMEE.
Suivant ce Systeme, le Globe de la Terre et de l'eau est au
centre de l'Univers. Autour du Globe terrestre est la Région
de l'air et du feu, ensuite les cercles des mouvemens des 7 Planetes en cet ordre, a sçavoir, ceux de la Lune, de Mercure, de
Venus, du Soleil, de Mars, de Jupiter et de Saturne, audessus
des Planetes est la Sphere des Etoiles fixes que l'on nôme Firmament
ou huitieme Sphere. Quelques Astronomes ont ajoutez trois autres
Spheres au dessus du Firmament, a sçavoir deux
Cristallines, et le premier
Mobile.

SYSTEME DE TICHO-BRAHE.
Tycho Brahé Gentilhôme Danois approuvant tout le Systeme
de Copernic excepté les mouvemens de la Terre, dont il a composé
celuy-ci qui est fort ingenieux, ou la Terre est placé au centre
du Monde.

SYSTEME COMPOSE
Ce Systeme n'est qu'un mélange ou composition de ceux de
Ptolomée et de Tycho, inventé par Martianus Capella, que l'on
nôme aussi Systeme commun.

SPHERE

GLOBE TERRESTRE.   GLOBE CELESTE.

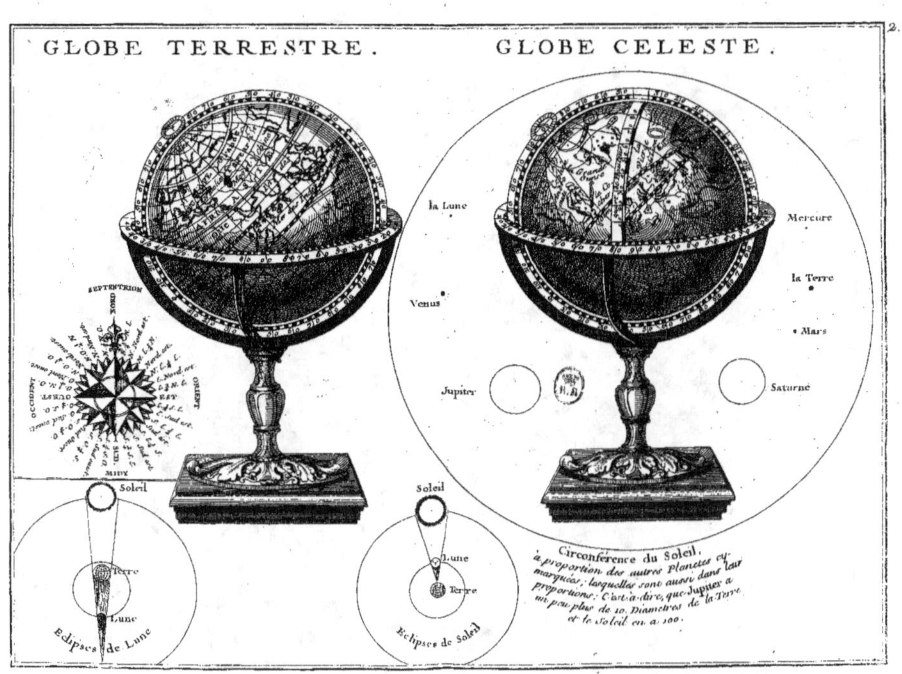

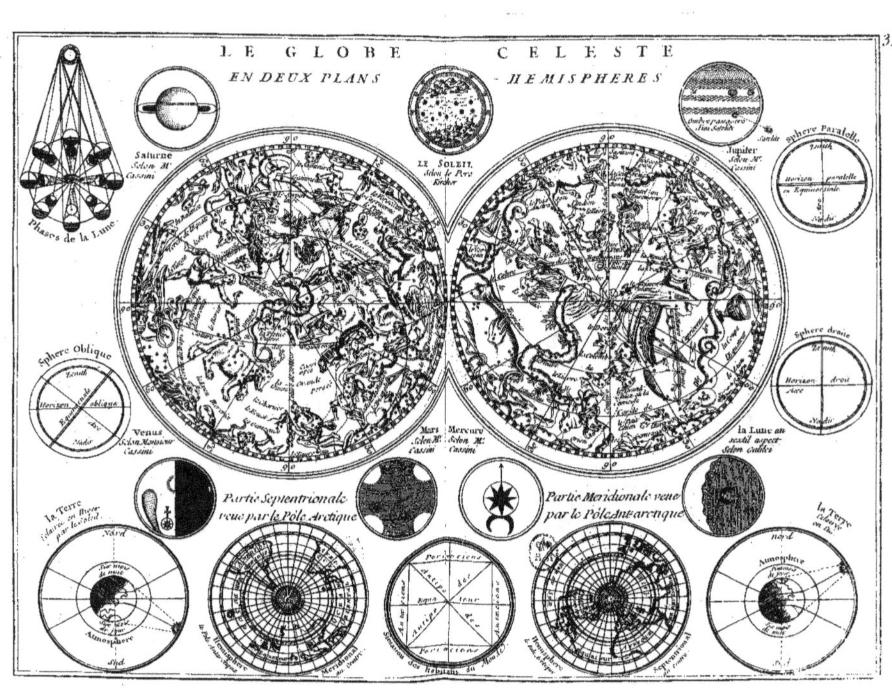
LE GLOBE CELESTE
EN DEUX PLANS HEMISPHERES
Saturne Selon Mr Cassini
Phases de la Lune
LE SOLEIL, Selon le Pere Kircher
Jupiter Selon Mr Cassini
Sphere Paralelle
Sphere Oblique
Sphere droite
Venus Selon Monsieur Cassini
Mars Selon Mr Cassini
Mercure Selon Mr Cassini
la Lune au sextil aspect Selon Galilei
la Terre
Partie Septentrionale veue par le Pôle Arctique
Partie Meridionale veue par le Pôle Antarctique
la Terre
Atmosphere
Nord
Sud

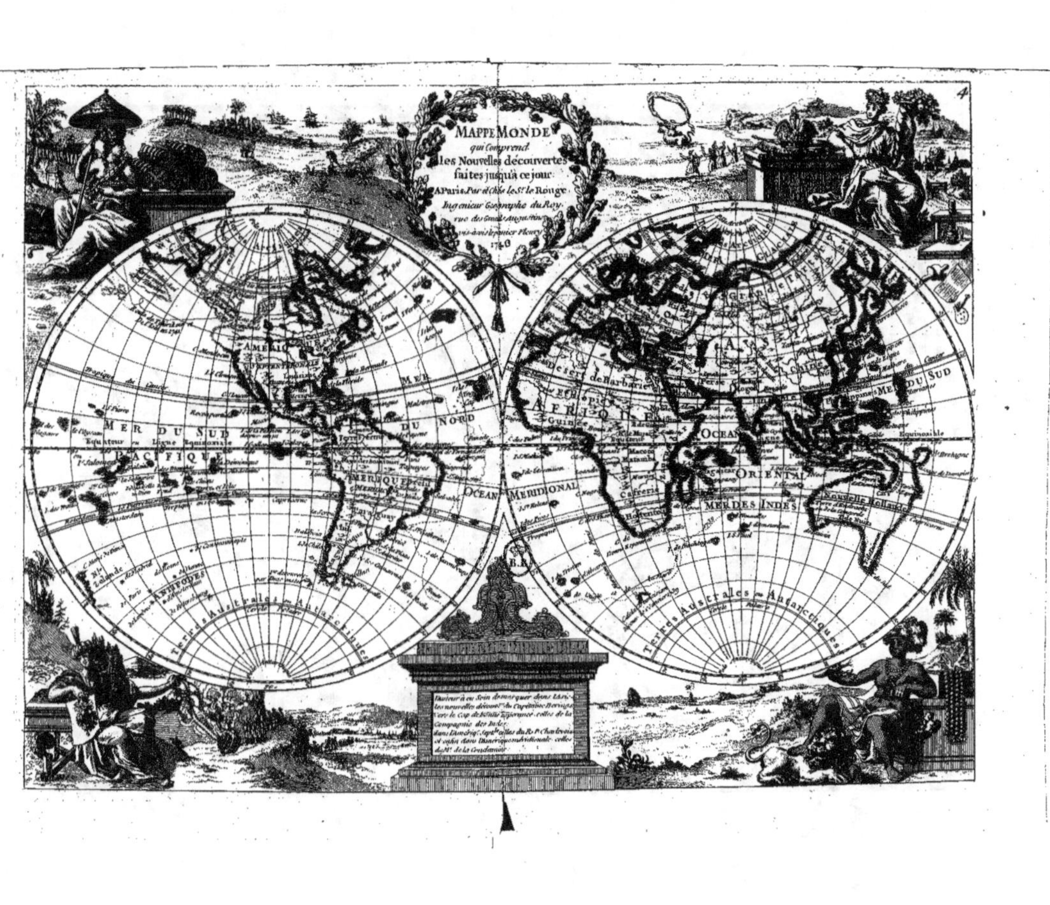

MAPPE MONDE
qui Comprend
les Nouvelles découvertes
faites jusqu'à ce jour:
A Paris Par et Chez le S.r le Rouge
Ingenieur Geographe du Roy.
rue des Grands Augustins
vis-à-vis le panier Fleury
1740
MER DU SUD
PACIFIQUE
MER DU NORD
AMERIQUE SEPTENTLE
OCEAN MERIDIONAL
Terres Australes
ANTIPODES
MER DU SUD
OCEAN ORIENTAL
MER DES INDES
AFRIQUE
EUROPE
Guinée
Cafrerie
Hottentots
Desert de Barbarie
Perse
CHINE
Nouvelle Hollande
Terres Australes ou Antarctiques

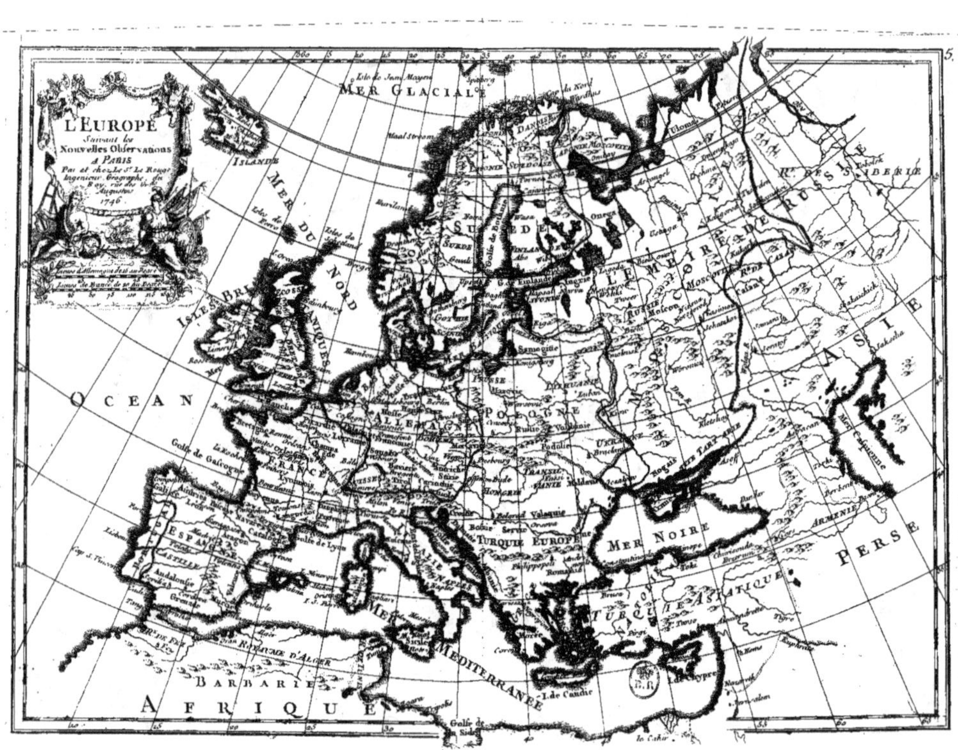

L'EUROPE
Suivant les
Nouvelles Observations
à PARIS
Par et chez le S.r Le Rouge
Ingenieur Geographe, rue
Bar, rue des 4.
Augustins
1746
ISLANDE
MER GLACIALE
MER DU NORD
OCEAN
ISLES BRITANNIQUES
ECOSSE
FRANCE
ESPAGNE
CASTILLE
Andalousie
BARBARIE
AFRIQUE
ROYAUME D'ALGER
MER MEDITERRANEE
I. de Candie
ALLEMAGNE
POLOGNE
SUEDE
FINLANDE
L'EMPIRE DE RUSSIE
R.me DE RUSSIE
SIBERIE
ASIE
MER CASPIENNE
TURQUIE ASIATIQUE
ARMENIE
PERSE
MER NOIRE
TURQUIE EUROPE.ne
UKRAINE
HONGRIE
TRANSIL.
VANIE
Valaquie

L'ASIE
Avec les Nouvelles
découvertes
MER GLACIALE
Cap Glacial
GRANDE TARTARIE
TARTARIE CHINOISE
SIBERIE
MONGOLIE
PERSE
TURQUESTAN
TIBET
LA CHINE
EGYPTE
ABISSINIE
ARABIE HEUREUSE
Det. de Babelmandel
B. d'Aden
MER DE PERSE
MALDIVES
ISLE DE CEILAN
Isles des Andemans
MER DES INDES
ISLE DE BORNEO
ISLE DE JAVA
MER DU SUD
OCEAN ORIENTAL
MER DU JAPON
ISLE LUÇON
NOUVELLES CAROLINES
Isle Formose
Tropique du Cancer
Ligne Equinoctiale
Macassar
Terre de la Compagnie
RÉPÉTITION DE JAVA
BATAVIA
I. de Java

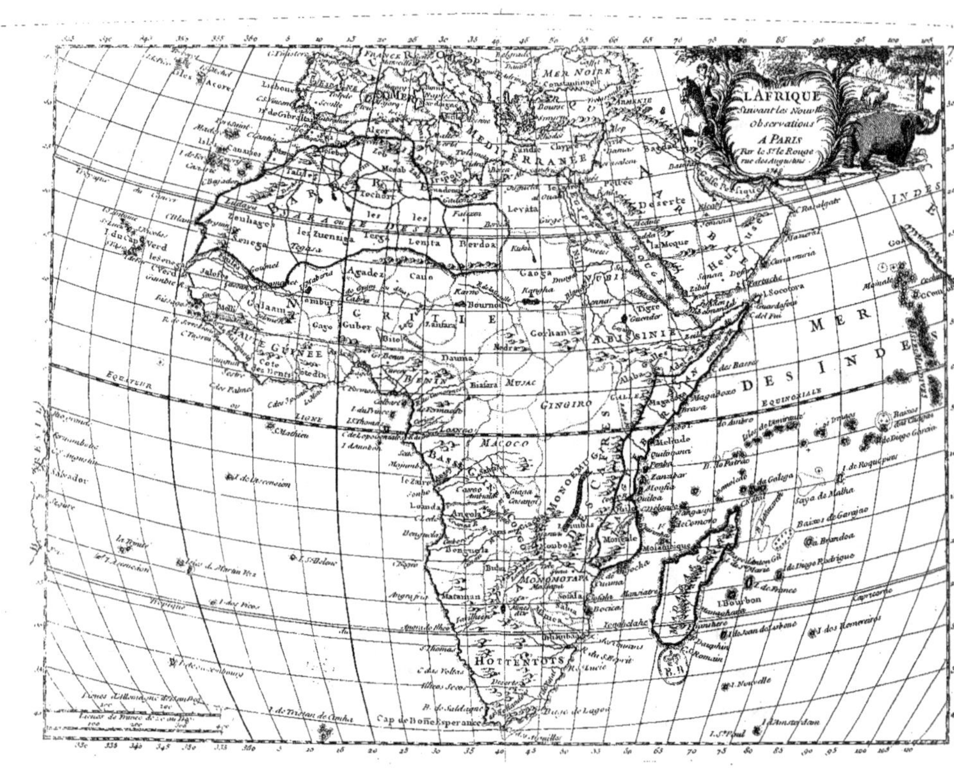

L'AFRIQUE
Suivant les Nouvelles
Observations
A PARIS
Par le Sr le Rouge
rue des Augustins
1748

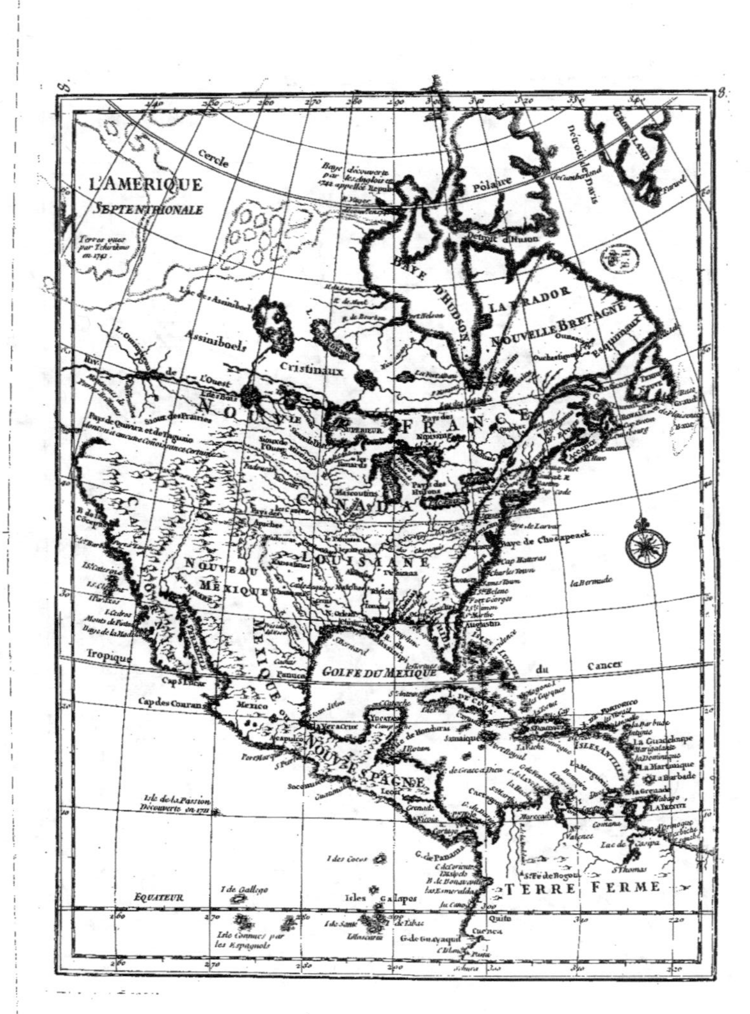

L'AMERIQUE
SEPTENTRIONALE
Cercle Polaire
Terres vues par Tchirikow en 1741
BAYE D'HUDSON
LABRADOR
NOUVELLE BRETAGNE
Assiniboels
Cristinaux
NOUVELLE FRANCE
CALIFORNIE
CANADA
NOUVEAU MEXIQUE
LOUISIANE
Baye de Chesapeack
la Bermude
Tropique du Cancer
GOLFE DU MEXIQUE
Cap S. Lucar
Cap des Courans
Mexico
NOUVELLE ESPAGNE
I. DE CUBA
Jamaique
ISLES ANTILLES
La Guadeloupe
La Martinique
La Barbade
La Grenade
LA TRINITE
Isle de la Passion Découverte en 1711
I. des Cocos
G. de Panama
TERRE FERME
EQUATEUR
I. de Gallego
Isles Galapos
Isle Connue par les Espagnols
Quito
Cuença
G. de Guayaquil

MER DU SUD
ou
PACIFIQUE
I. de Gallego
Non connue par les Espagnols
Isles Galapes
I. de Santo
I. Masasven
I. de Tabac
G. de Guayaquil
LIGNE EQUINOXIALE
GUYANE
BRESIL
MISSIONS DE PORTUGAL
TAPUYS
C. de Nord
Rio grande
Olinde
Fernambouc
Seregippe
C. S. Augustin
Baye de tous les Saints
I. de Fernande Norono ou I. Dauphine
Rocas
I. de la Trinite
I. de l'Ascension
I. des Picos
Ce Pays est rempli d'un Grand nombre de Nations Sauvages peu Connüe
L. des Xarayes
les Mines
Tropique
Terre decouverte par David en 1686
I. S.te Felix
I. S.t Ambroise
I. de Jean Fernando
PARAGUAY
Asumpuon
S. Paul
S. Sebastien
Spiritu Santo
du Capricorne
I. de Sassenbourg decouverte en 1670
CHILI
Imperial
I. du Chiloe
la Madelaine
I. S.te Catherine
Rio de la Plata
Buinosaires
TERRE MAGELLANIQUE
Magellan
Isle Malouines
C. Hoorn
Terre de Feu
AMERIQUE MERIDIONALE

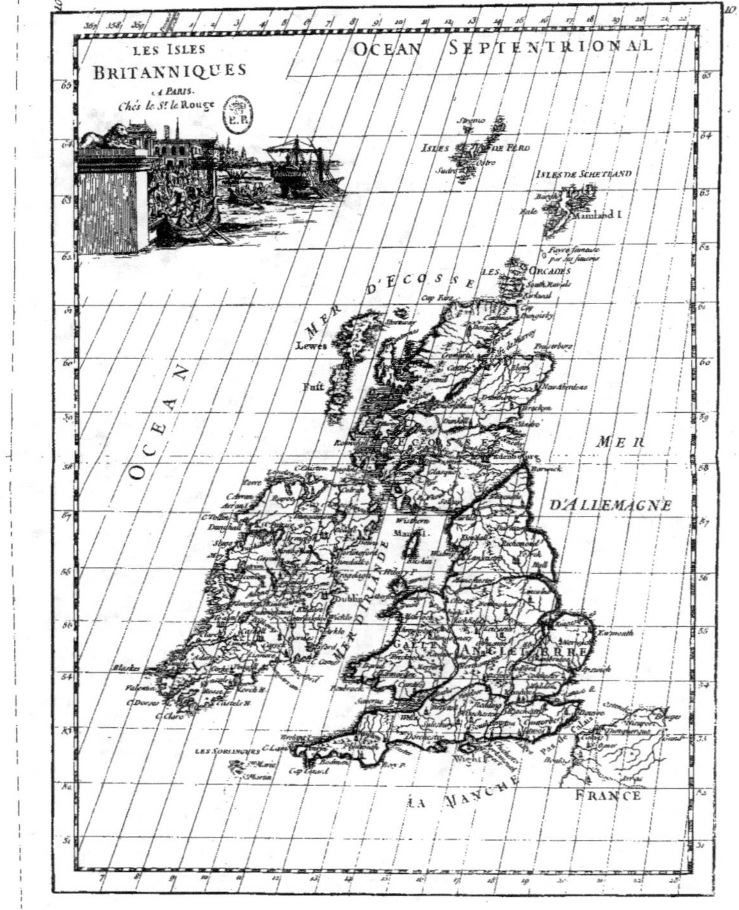

LES ISLES
BRITANNIQUES
A PARIS.
Chés le Sr le Rouge
OCEAN SEPTENTRIONAL
OCEAN
MER D'ECOSSE
MER D'IRLANDE
MER D'ALLEMAGNE
LA MANCHE
FRANCE
ANGLETERRE
ISLES DE FERO
ISLES DE SCHETLAND
Mainland I.
LES ORCADES
LES SORLINGUES
Dublin
Yarmouth
Calais
Wight

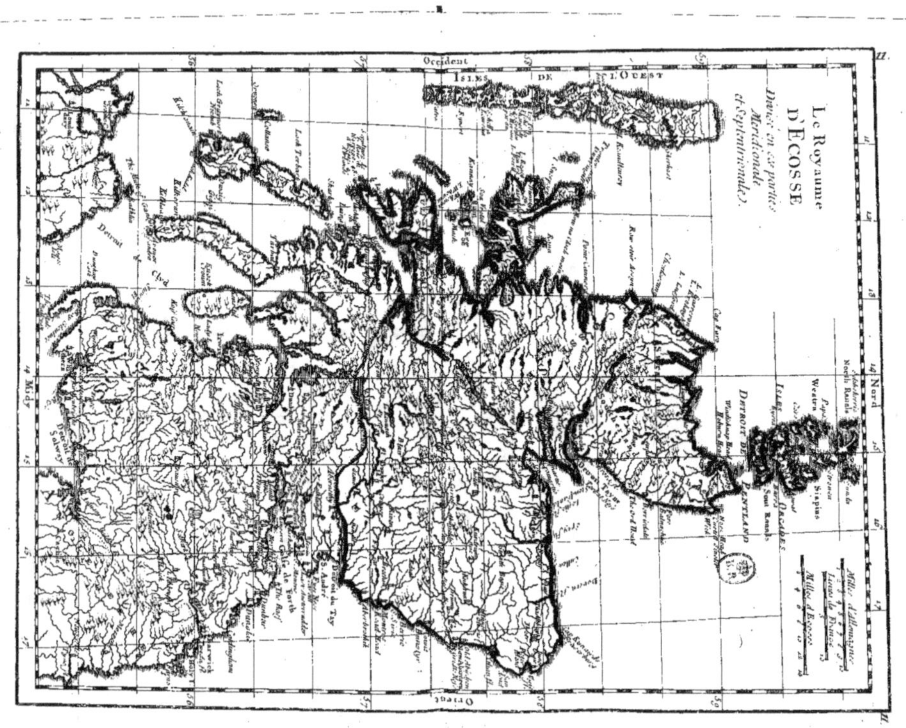
Le Royaume D'ECOSSE
Divisé en ses parties Méridionale et Septentrionale.
Occident
ISLES DE L'OUEST
Orient
Nord
Midy
Milles d'Allemagne
Lieues de France
Milles d'Ecosse

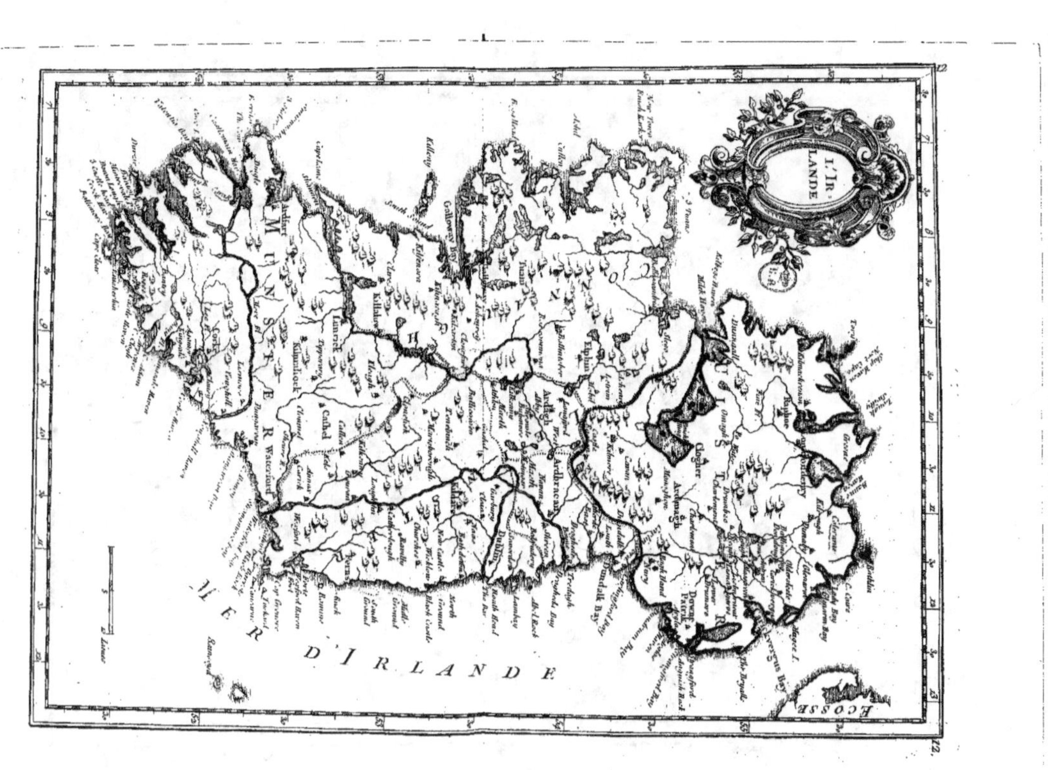

L'IRLANDE
MER D'IRLANDE
ECOSSE

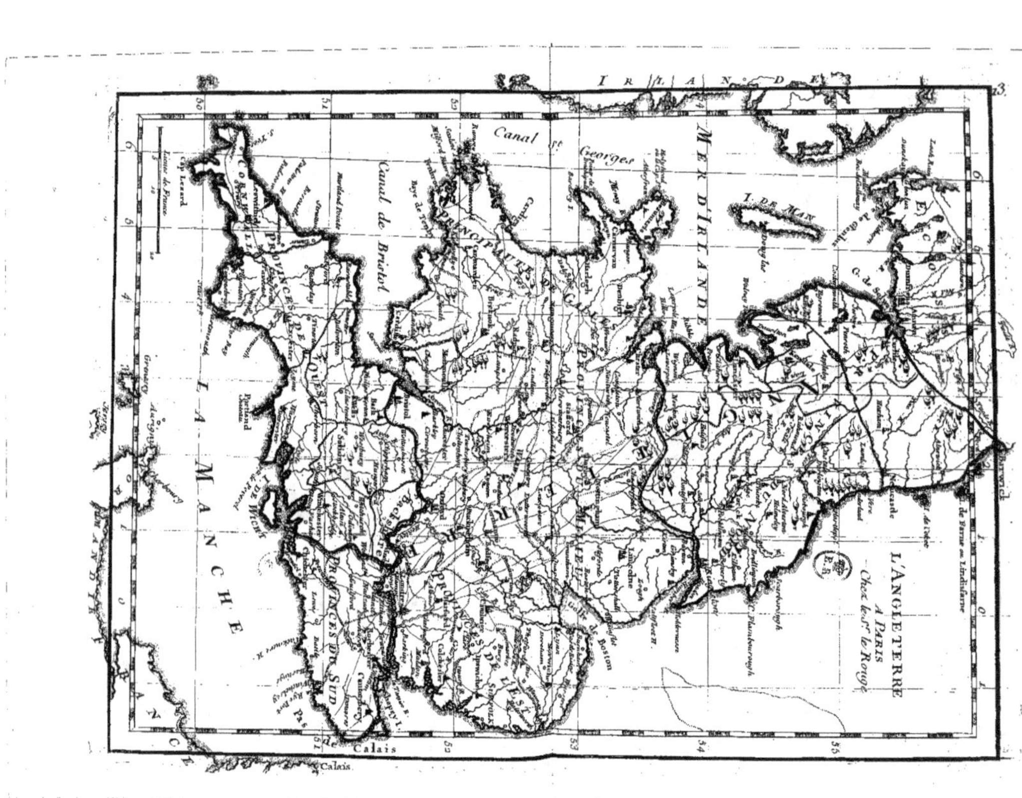

L'ANGLETERRE

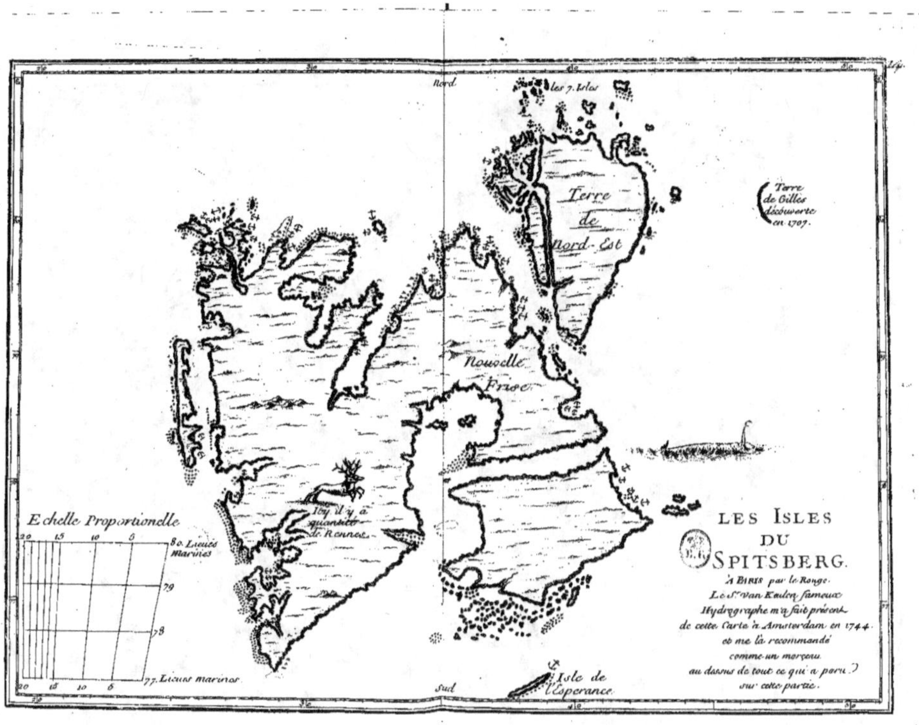

Nord
les 7. Isles
Terre de Gilles découverte en 1707.
Terre de Nord-Est
Nouvelle Frise
Echelle Proportionelle
20 15 10 5
80. Lieues Marines
79
78
77. Lieues marines
20 15 10 5
Icy il y a quantité de Rennes.
LES ISLES DU SPITSBERG.
A PARIS par le Rouge.
Le Sr. Van Keulen fameux
Hydrographe m'a fait présent
de cette Carte à Amsterdam en 1744.
et me l'a recommandé
comme un morceau
au dessus de tout ce qui a paru
sur cette partie.
Isle de l'Esperance.
Sud

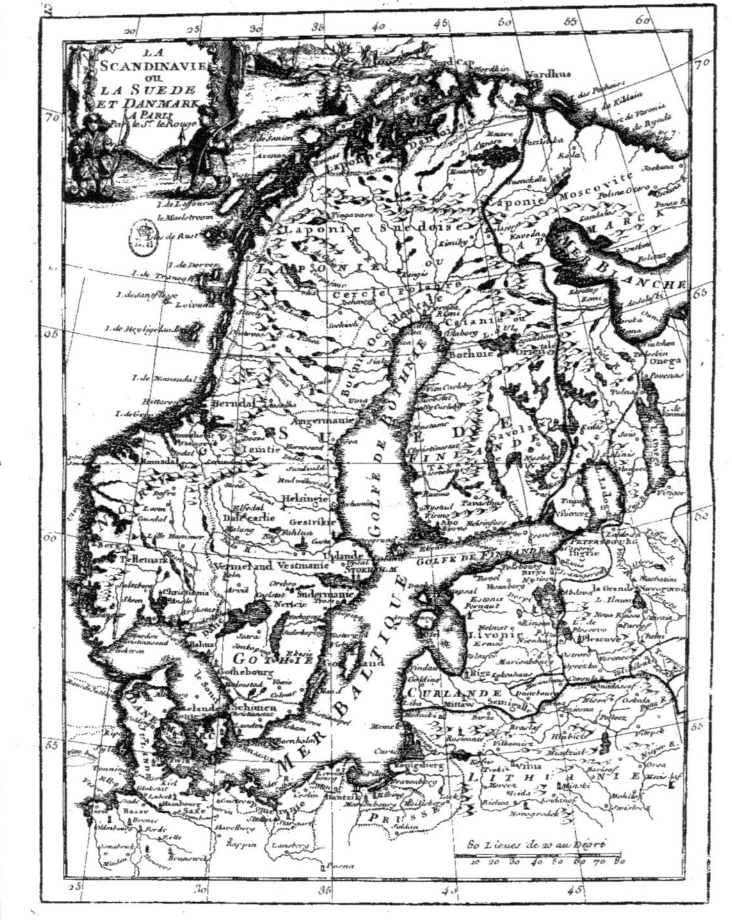

LA SCANDINAVIE ou LA SUEDE ET DANMARK
A PARIS Par le Sr. le Rouge
MER BLANCHE
MER BALTIQUE
GOLFE DE BOTHNIE
GOLFE DE FINLANDE
SUEDE
FINLANDE
LAPONIE ou
Laponie Suedois
Laponie Danoise
Cercle Polaire
Bothnie Occidentale
Bothnie Orientale
Moscovie
NORWEGE
DANEMARC
GOTHIE
Vermeland Vestmanie
Sudermanie Nericie
Angermanie
Dalecarlie
Gestrikie
Helsingie
STOKHOLM
Christiania
Romsdal
Drontheim
Bergen
Schonen
Gothebourg
Islande
Bornholm
LIVONIE
CURLANDE
LITHUANIE
PRUSSE
Riga
Revel
Narva
Petersbourg
Vibourg
Abo
Onega
Vardhus
Nordcap
50 Lieues de 20 au Degré
10 20 30 40 50 60 70 80

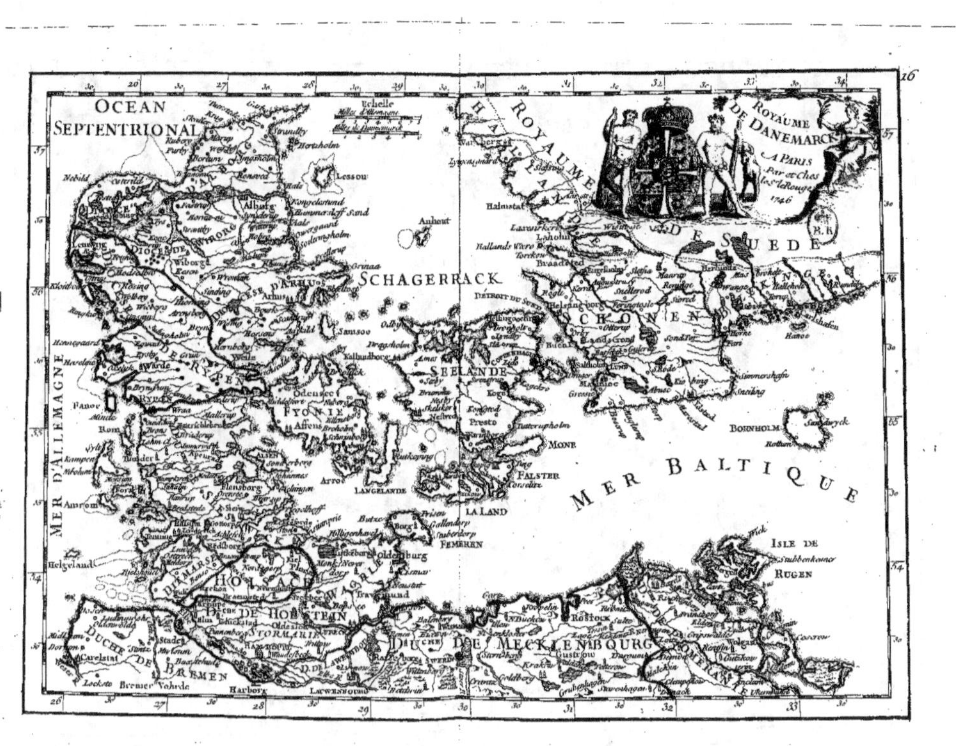

OCEAN SEPTENTRIONALE
ROYAUME DE DANEMARCK
A PARIS Par et Ches les Sr leRouge 1746
ROYAUME DE SUEDE
HALLANDE
SCHONEN
SCHAGERRACK
MER BALTIQUE
MER D'ALLEMAGNE
Echelle
SEELANDE
FYONIE
LANGELANDE
LA LAND
FALSTER
MONE
FEMEREN
BOHNHOLM
ISLE DE RUGEN
DUCHÉ DE HOLSTEIN
STORMARIE
WAGRIE
DUCHÉ DE BREMEN
DUCHÉ DE MECKLENBOURG
POMERANIE
Helgeland
Anhout
Lessou

MER DU NORD
LA MOSCOVIE
MER NOIRE
MER CASPIENNE
MER BLANCHE
LAPONIE
SUEDE
FINLANDE
G. de Bothnie
G. de Finlande
LIVONIE
LITHUANIE
MOSCO
VORONECI
POLOGNE
COSAQUES
ZAPOROUSE
PETITE TARTARIE D'AZUR
MER D'AZOF
CIRCASSIE
LES TARTARES
ROYAUME D'ASTRACAN
Desert d'Astracan
ROYAUME DE CASAN
BASKIRE
UFIMSKI
SIBERIE
Liapinski
Vogulizi
CONDORE
UGORI
LESOSTOI
SAMOJEDAE
Archangel
Kola
Wardhus
C. de Nord
Cap Candanos
Ladoga
Belo Ozero
Susdal
Belgorod
Grands Nogais
KARAKALPAQUES
20 40 60 Lieues

LA POLOGNE
A PARIS
Chez le Sr. le Rouge
SUEDE
MER BALTIQUE
LIVONIE
CURLANDE
PRUSSE
POMERANIE
LITHUANIE
GRANDE POLOGNE
WARSOVIE
PETITE POLOGNE
VOLHYNIE
PODOLIE
BOHEME
HONGRIE
Transilvanie
MOLDAVIE
PETITE TARTARIE
MER D'AZOF
Crimée
MER NOIRE
BERLIN
DRESDE
Prague
Stockholm
Moskou
Cracovie
Leopol
Azof

LES XVII PROVINCES des Pays Bas
A PARIS Chez le S.r le Rouge
MER DU NORD
PARTIE DE LA FRANCE
ZUYDER ZEE

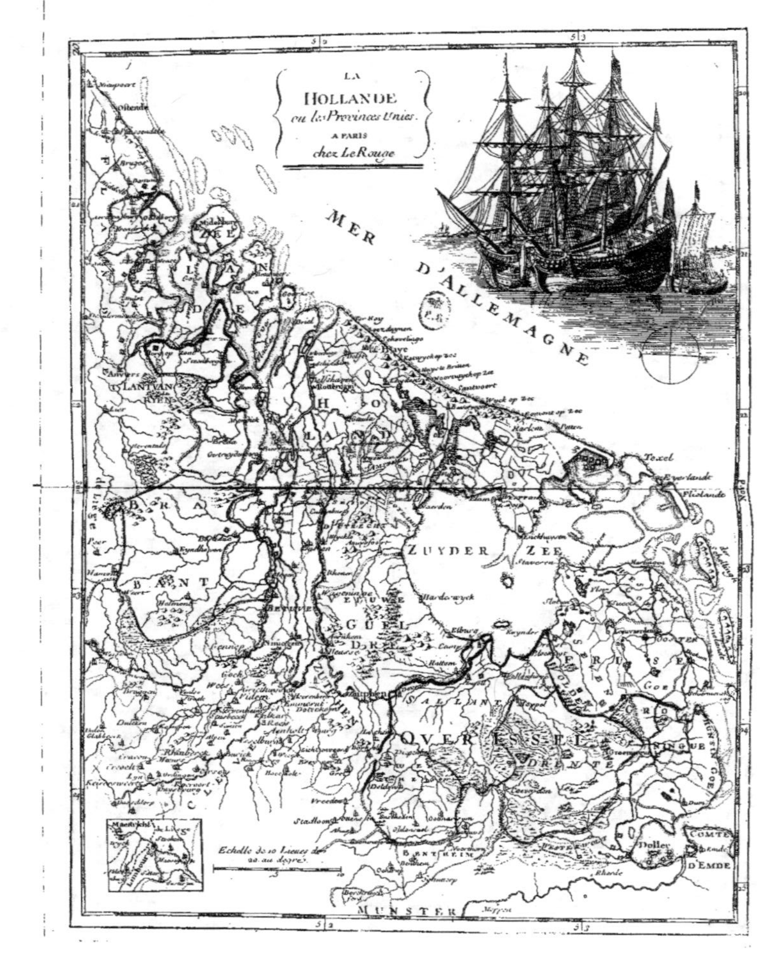

LA
HOLLANDE
ou les Provinces Unies.
A PARIS
chez Le Rouge
MER D'ALLEMAGNE
ZUYDER ZEE
HOLLANDE
BRABANT
VELUWE
GUELDRE
OVERYSSEL
DRENTE
SALLANT
MUNSTER
COMTE D'EMDE
Texel
Vlielande
Harderwyck
Staveren
Echelle de 10 Lieues de 20 au degre.

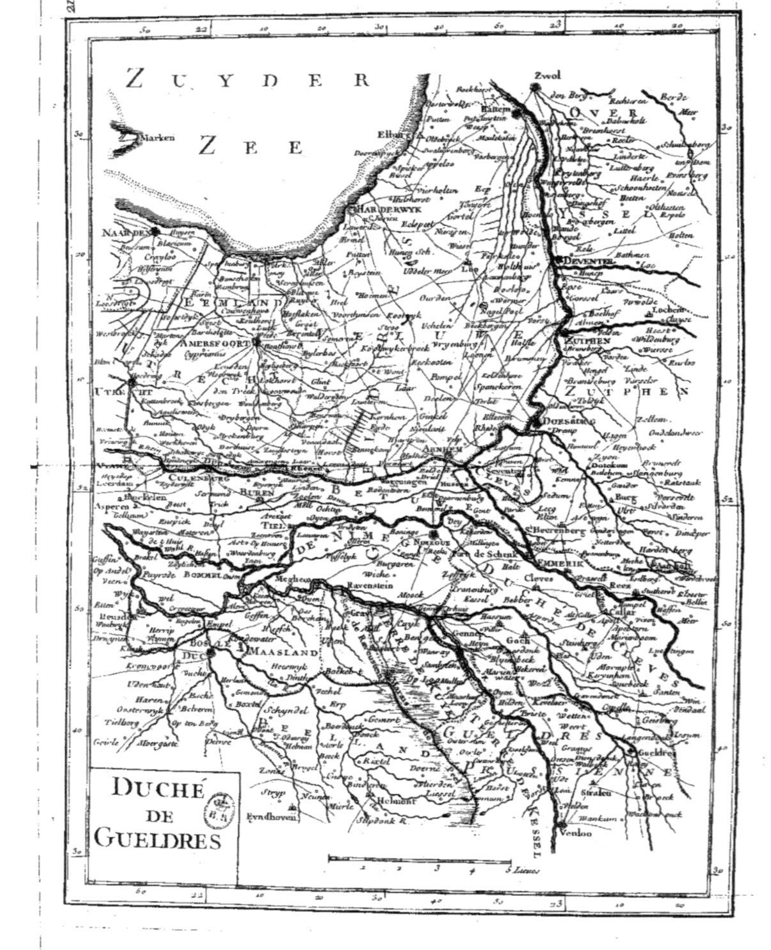

ZUYDER ZEE
Marken
DUCHÉ DE GUELDRES
OVER YSSEL
Zwol
NAARDEN
HARDERWYK
DEVENTER
ZUTPHEN
DOESBURG
AMERSFOORT
UTRECHT
ARNHEM
CULENBURG
BUREN
TIEL
BOMMEL
NIMEGUE
EMMERIK
DE NIMEGUE
DUCHE DE CLEVES
BOS LE DUC
MAASLAND
Venloo
Eyndhoven
Helmont
KESSEL
1 2 3 4 5 Lieues
27.

LES PROVINCES de HOLLANDE et D'UTRECHT
HOLLANDE
D'UTRECHT
ZUYDER ZEE
FRISE
Lieues marines
22.

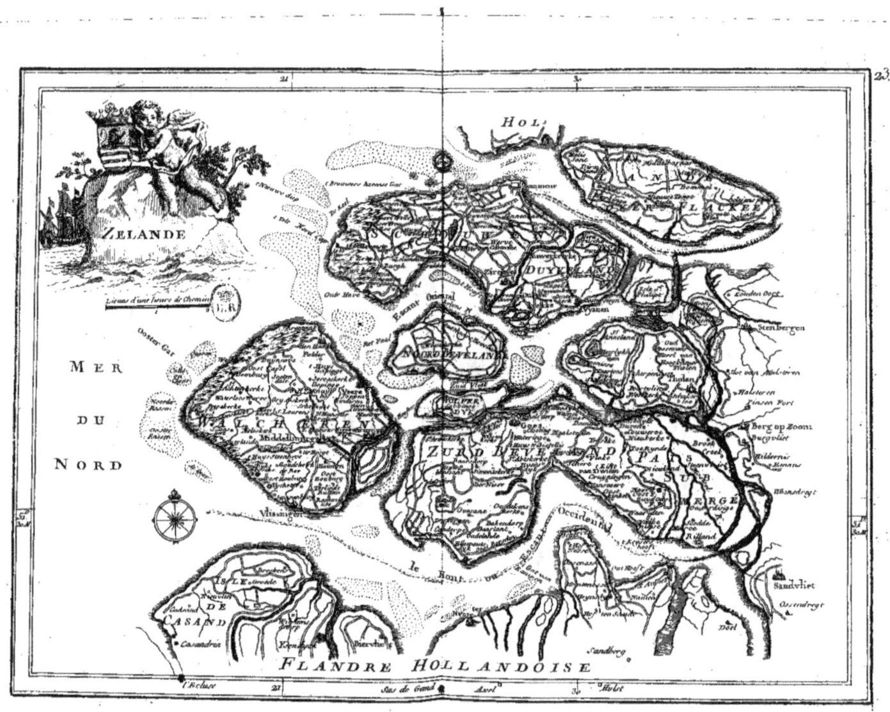

ZELANDE
Lieues d'une lieue de Chemin
MER
DU
NORD
HOL.
WALCHEREN
Middelbourg
Vlissingue
NOORD BEVELAND
ZUID BEVELAND
DUYVELAND
le Hont
FLANDRE HOLLANDOISE
L'Ecluse
Sas de Gand
Axel
Hulst
DE L'ASAND
Cassandria
Berg up Zoom
Steenbergen
Sandvliet
Ossendregt
Doel
Sandberg

ZUIDER-ZÉE
LA SEIGNEURIE D'UTRECHT
AMSTERDAM
Mer de Harlem
ZAND
T. WATERSCHAP
WOERDEN
Gouda
Terre d'Yselstein
Schoonhoven
Vianen
Nieupoort
GUELDRE
DUCHÉ DE
Amersfoort
Utrecht
Rhenen

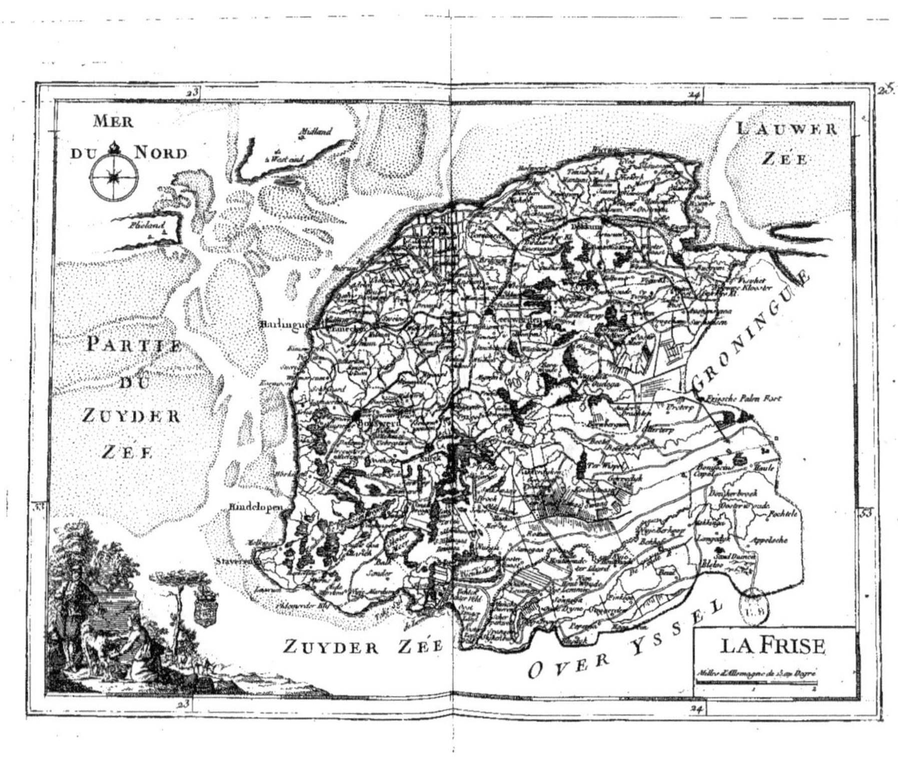

MER
DU NORD
Vlieland
PARTIE
DU
ZUYDER
ZÉE
Midland
't West end
Harlingue
Hindelopen
Molkwer
Staveren
Workum
ZUYDER ZÉE
LAUWER
ZÉE
GRONINGUE
Frische Palen Fort
Proterp
Houle
Bonifacius Capel
Den herbroek
Wooster woude
Fochtele
Appelsche
Langdyk
Blaloe
OVER YSSEL
LA FRISE
Milles d'Allemagne de 15 au Degré

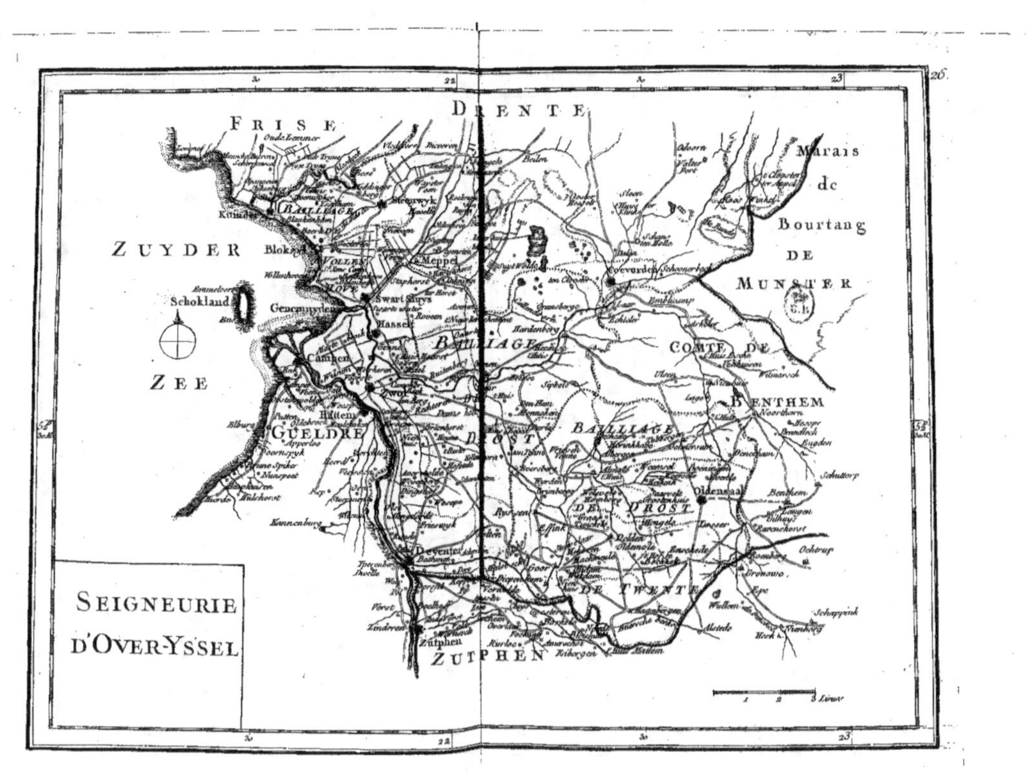

SEIGNEURIE
D'OVER-YSSEL

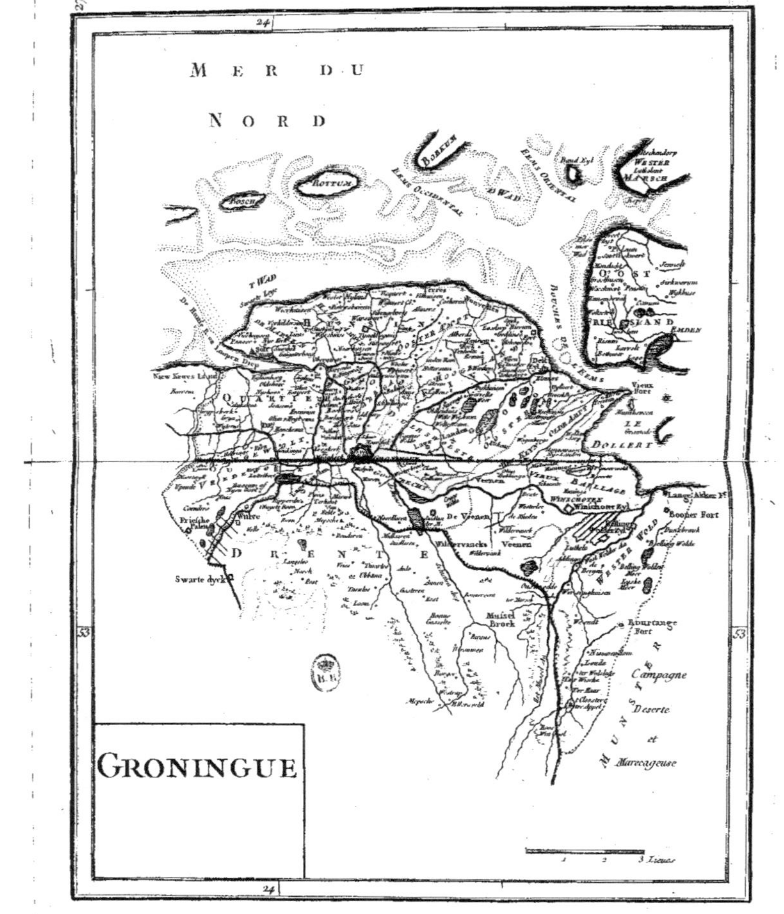

GRONINGUE
MER DU NORD
DRENTE
MUNSTER
Campagne
Dollart
OOST FRIESLAND
3 Lieues

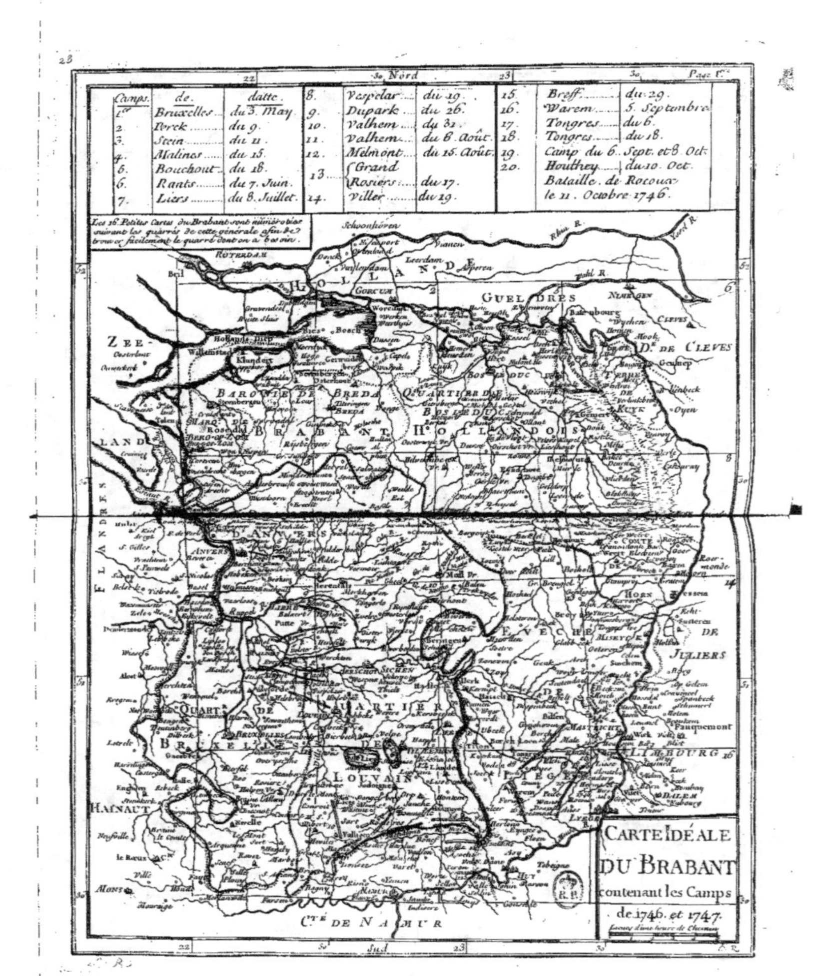

Camps.	de.	datte.					
1er	Bruxelles	du 3. May	8.	Vespelar	du 19.	15.	Breff ... du 29.
2.	Derek	du 9.	9.	Dupark	du 26.	16.	Warem ... 5. Septembre
3.	Stein	du 11.	10.	Valhem	du 32.	17.	Tongres ... du 6.
4.	Malines	du 15.	11.	Valhem	du 6. Août.	18.	Tongres ... du 18.
5.	Bouchout	du 18.	12.	Melmont	du 15. Août.	19.	Camp du 6. Sept. et 8. Oct.
6.	Rants	du 7. Juin.	13.	Grand Rosiers	du 17.	20.	Houthey du 10. Oct.
7.	Liers	du 8. Juillet.	14.	Viller	du 19.		Bataille de Rocoux le 11. Octobre 1746.

MER D'ALLEMAGNE
Pas de Calais
LA FLANDRE
LE HAYNAUT
a Paris
Par et chez le Sr le Rouge
Ing. Geo. du Roy rue des Gds
Augustins
BOULONOIS
CAMBRESIS
DE LIEGE
GAND
BRUXELLES
Louvain
Malines
Vilvorde
Oudenarde
Ypres
Calais
Dunkerque
Gravelines
Bergue
Boulogne
Estaple
Montreuil
St Omer
Aire
Hesdin
Bethune
Lens
ARRAS
Lille
Armentieres
Menin
Tournay
Valenciennes
Conde
Bouchain
Le Quesnoy
CAMBRAY
Avesnes
Barlemont
Maubeuge
Mons
Roeux
Soignies
Lessines
Enghien
Ath
Alost
Charleroy
Thuin
Beaumont
Chimay
La Chapelle

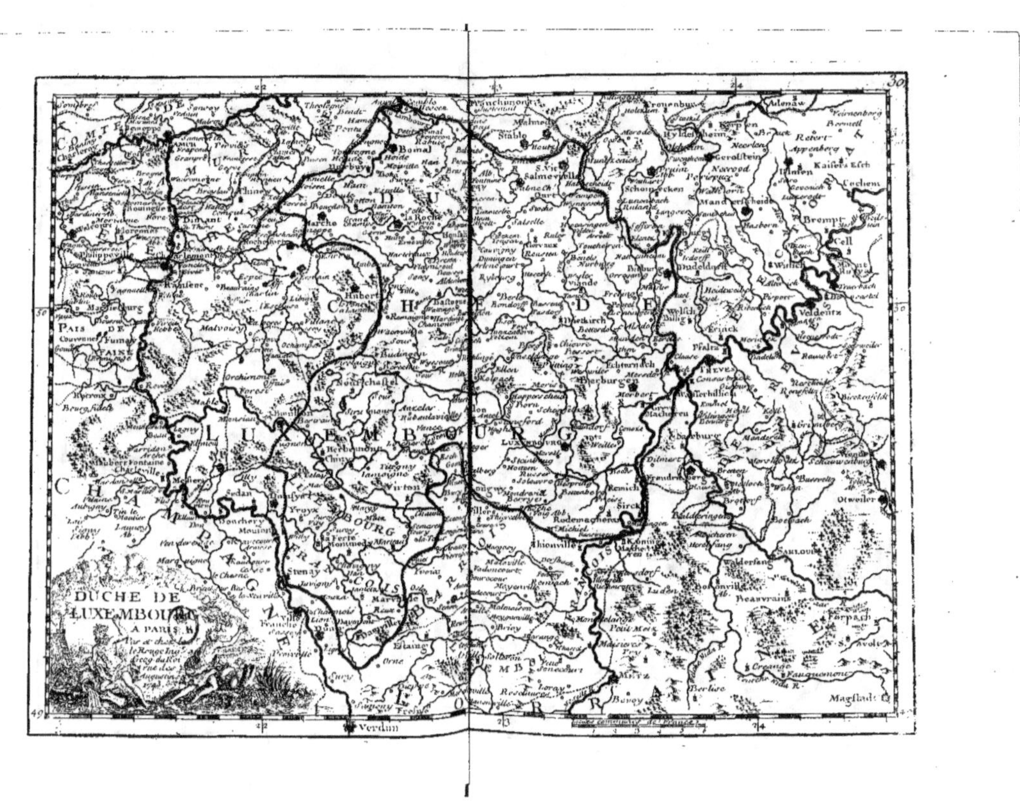

DUCHE DE
LUXEMBOURG
A PARIS

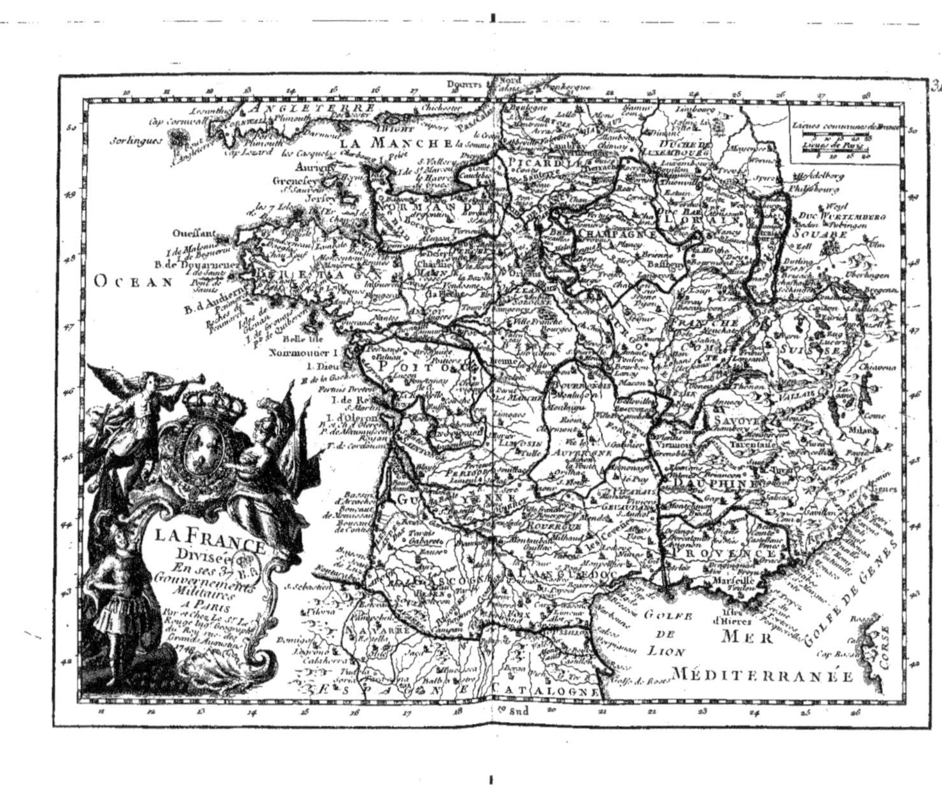

LA FRANCE
Divisée
En ses 37
Gouvernemens
Militaires
A PARIS
ANGLETERRE
LA MANCHE
OCEAN
BRETAGNE
NORMANDIE
PICARDIE
CHAMPAGNE
LORRAIN
DUCHE DE LUXEMBOURG
DUC WURTEMBERG
SOUABE
POITOU
ORLEANS
FRANCHE COMTE
SUISSE
SAVOYE
VALLAIS
AUVERGNE
LIMOSIN
DAUPHINE
GUYENNE
ROUERGUE
PROVENCE
GASCOGNE
LANGUEDOC
NAVARRE
GOLFE DE LION
MER MÉDITERRANÉE
Iles d'Hieres
GOLFE DE GENES
CORSE
ESPAGNE
CATALOGNE
Sorlingues

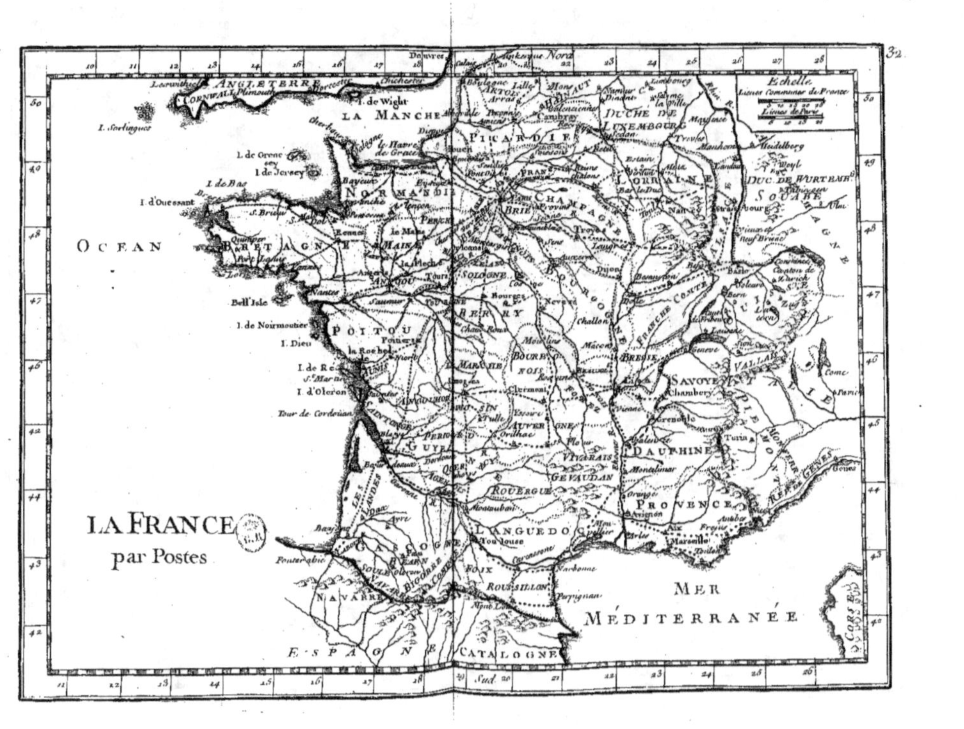

LA FRANCE par Postes
OCEAN
ANGLETERRE
CORNWALL
LA MANCHE
I. Sorlingues
I. de Wight
I. de Orene
I. de Jersey
I. d'Ouessant
NORMANDIE
BRETAGNE
MAINE
ANJOU
POITOU
Bell'Isle
I. de Noirmoutier
I. Dieu
I. de Ré
S. Martin
I. d'Oleron
Tour de Cordouan
SOLOGNE
BERRY
BOURBONNOIS
MARCHE
LIMOSIN
ANGOUMOIS
SAINTONGE
GUYENNE
QUERCY
PERIGORD
LES LANDES
Dax
Ayre
Bayonne
GASCOGNE
BEARN
SOULE
BIGORRE
NAVARRE
Fontarabie
ESPAGNE
CATALOGNE
ROUSSILLON
Perpignan
FOIX
LANGUEDOC
Toulouse
Carcassone
Narbonne
ROUERGUE
Montauban
GEVAUDAN
VIVARAIS
AUVERGNE
PROVENCE
Avignon
Aix
Marseille
Toulon
Frejus
Arles
DAUPHINE
Grenoble
Montelimar
SAVOYE
Chambery
PIEMONT
ALPES
Genes
CORSE
MER MÉDITERRANÉE
PICARDIE
ARTOIS
Arras
Lille
HAINAUT
Cambray
Amiens
Dieppe
Le Havre de Grace
Rouen
Douvres
Calais
Dunkerque
CHAMPAGNE
BRIE
Troyes
Sens
Dijon
BOURGOGNE
FRANCHE COMTE
BRESSE
LORRAINE
Metz
Nancy
Bar le Duc
DUCHE DE LUXEMBOURG
Treves
DUC DE WURTEMBERG
SOUABE
Heidelberg
Ulm
Strasbourg
Bale
Nord
Sud
Echelle
Lieues Communes de France
Lieues de Paris

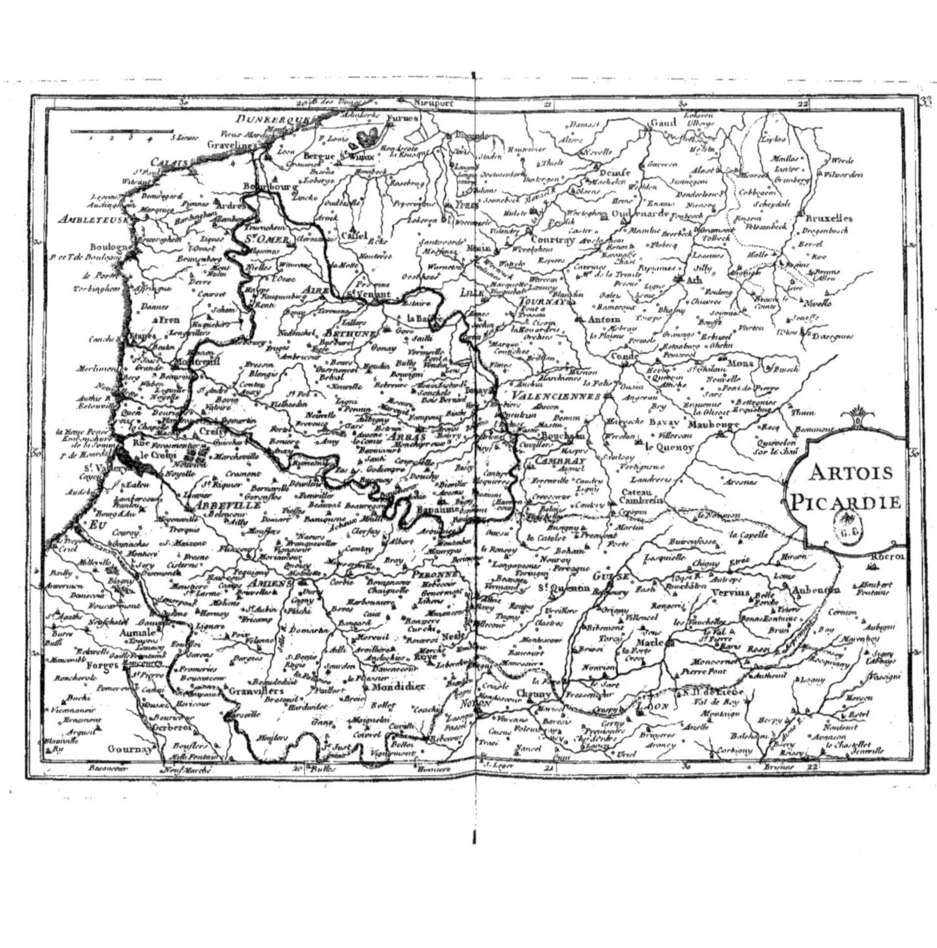
ARTOIS
PICARDIE
DUNKERQUE
CALAIS
AMBLETEUSE
Boulogne
St OMER
AIRE
BETHUNE
ARRAS
ABBEVILLE
EU
AMIENS
PERONNE
Gournay
Aumale
Forges
LILLE
TOURNAY
VALENCIENNES
CAMBRAY
Conde
Mons
Maubeuge
BAVAY
le Quenoy
GUISE
St Quentin
Vervins
Aubenton
Roeroi
Bruxelles
Gand
Roye
Mondidier
Noyon
Chauny
LOON
Montreuil
le Crotoy
St Valery
Rue
Calsel
YPRES
la Bassée
St Venant
Antom

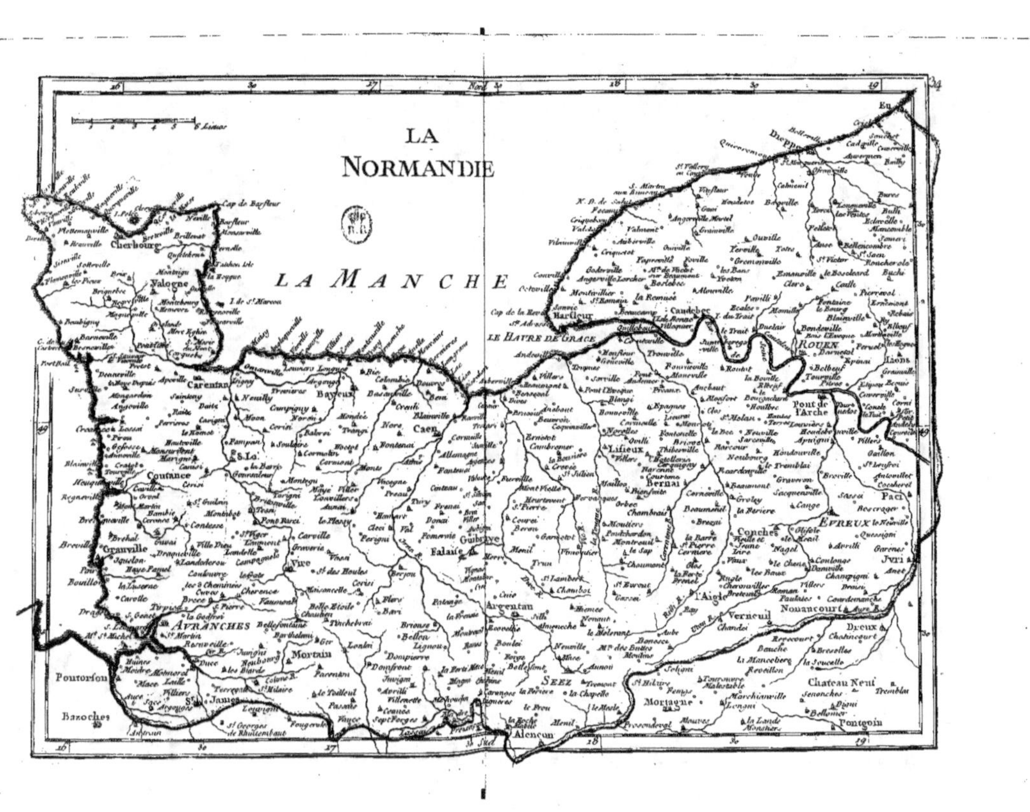

LA
NORMANDIE
LA MANCHE
Cherbourg
Valogne
LE HAVRE DE GRACE
Harfleur
Caudebec
ROUEN
Dieppe
Eu
Carentan
Bayeux
Caen
Coutance
Granville
Avranches
Mortain
Pontorson
Bazoches
St. James
Falaise
Guibraye
Argentan
Alencon
Seez
Mortagne
Lisieux
Bernai
Conches
Evreux
Pont de l'Arche
Verneuil
Nonancourt
Dreux
Pontgoin
Chateau Neuf
Juri

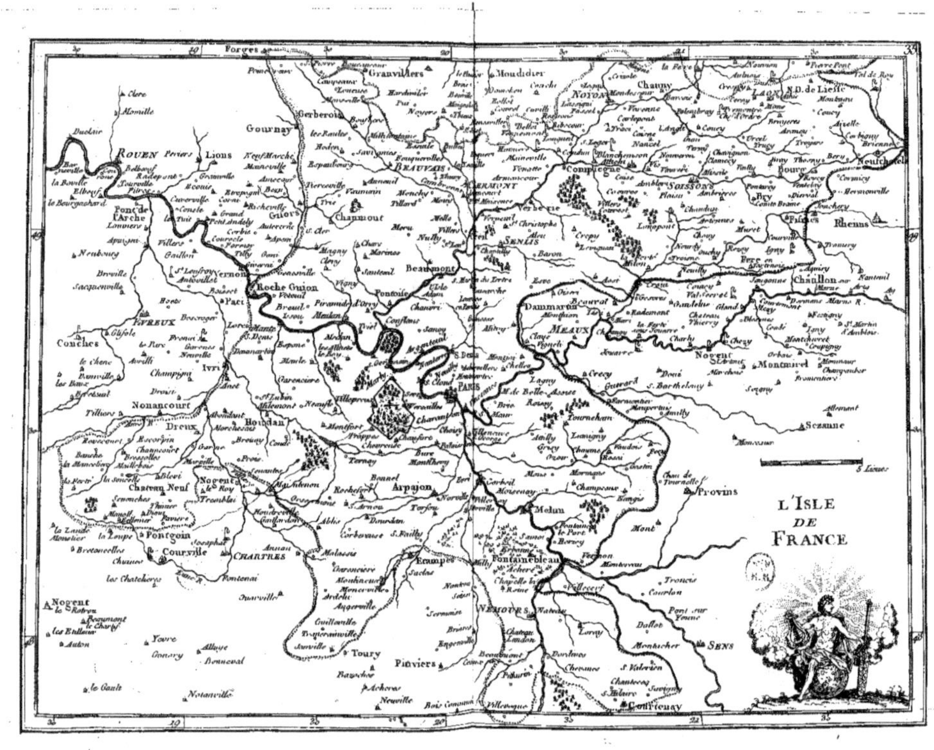

L'ISLE
DE
FRANCE
5 Lieues

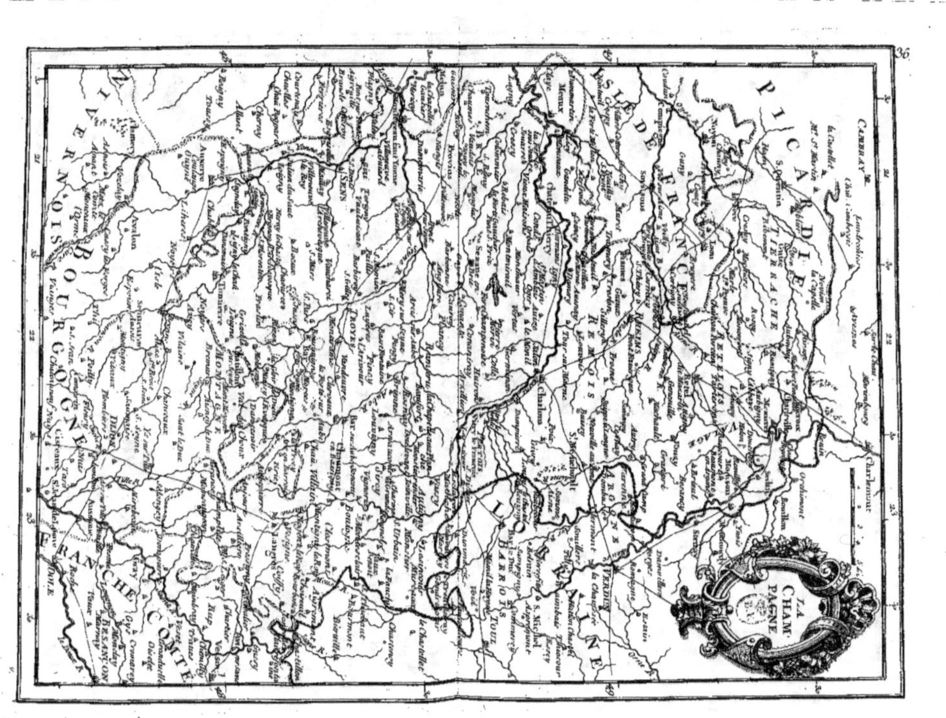

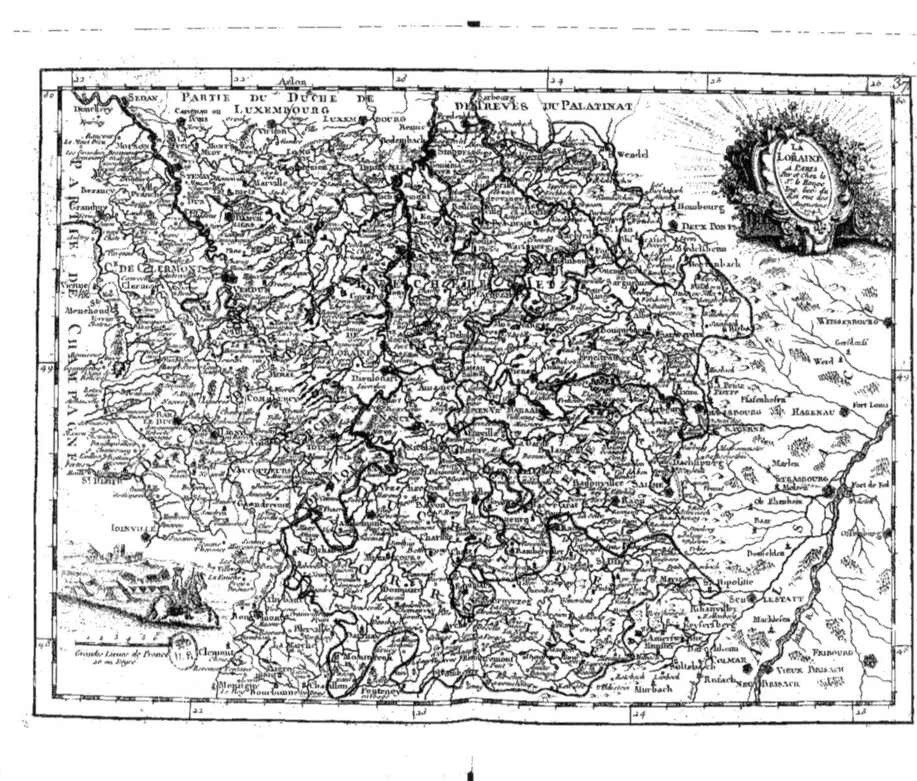

PARTIE DU DUCHE DE LUXEMBOURG
DE TREVES DU PALATINAT
LA LORAINE
à Paris
Aved et chez le
Sr. le Rouge
Ing. Geog. du
Roi rue des
Augustins
1744
SEDAN
WEISSENBOURG
HAGENAU
STRASBOURG
DEUX PONTS
COLMAR
VIEUX BRISACH
NEUF BRISACH
VERDUN
LORRAINE
JOINVILLE
Grandes Lieues de France
20 au Degré

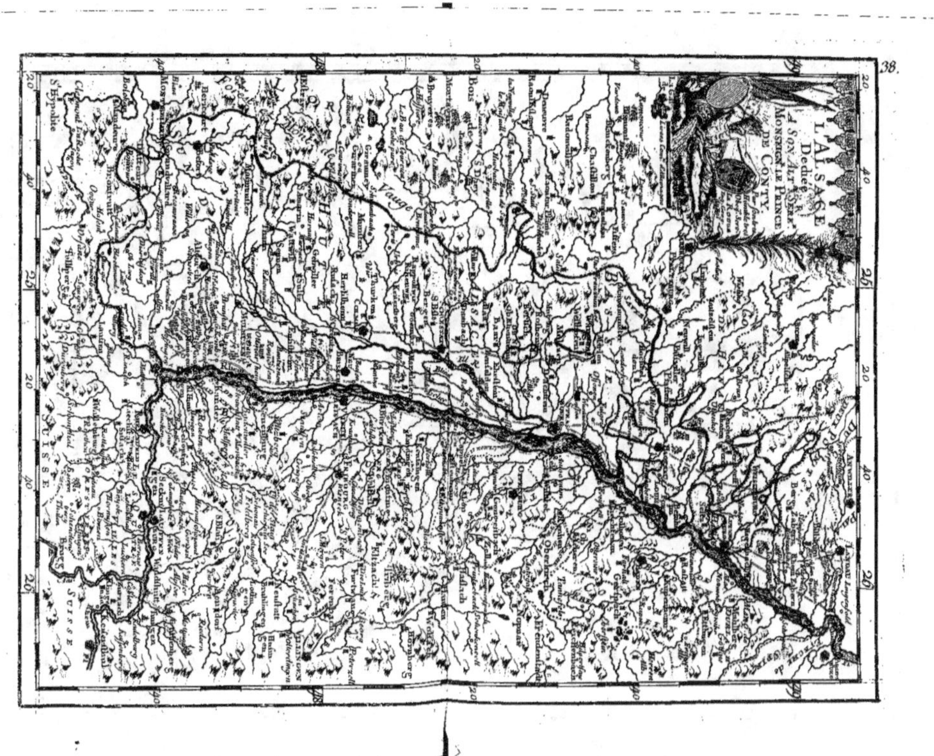

L'ALSACE
Dédiée
A Son Alt Sér.
Monseigneur le Prince
DE CONTY.

LA BRETAGNE
A PARIS
Chés le Sr le Rouge
Lieues communes de Bretagne de 2400 Toi
COUTANCES
Granville
Vire
AVRANCHES
Mortain
les 7 Isles
I. de Choé
I. Brehat
DREGUIER
Bigny
St Malo
Canalle
Monts Michel
Duce
St Pol de
I. de Bas
Roscoff
Lannion
Belle Isle Pontrieux
Cap Brehel
Matignon
Château neuf
Pont Orson
Hilaire
Lesneven
Goulven
Morlaix
Vieux
Châtelaudren
Portahuet
Dinant
St Pierre de
DOL
Bacougnes
C. Brice
Landerneau Lantreguiscau
Guingamp
S BRIEUC
Plancouin
Antrain
I. d'Ouessant
Lanilis
Landernan
Montagnes
d'Arre Pounch
Connihen
Fouac
Jugon
Hede
Combourg
Fougeres
Ernée
BREST
le Pou
Lanhuilec
Ponton
Lamballe
Rocherd
Hemoux
leCriquet
St Montagnes
lethelgout
Quiman
Broons
Tintinac
St Aubin du Cormier
I. Benigue
Daoulas
le Rieu
la Feuillé
Corlay
Louiteau
Montauban
Bodec
Vivra
St Mathial
Crozon
Chateaulin Chateau
Carhaix
Rostienon
la Chese
la Trinité
Rennes
Passage de
Molguel
Bothoa
Loudeac
Moen
Montort
l'Iroise
B. de Douarnenez
Auffan
Landelleau
Uzel
Br02l
la Gravelle
I. des Saintes
Locornan
Gouin
Guemené
Pontivy
Josselin
Flexin
Château giron
Pontevew
Coray
les Plusanet
Mohan
Ploermel
la Guerche
le Rat
Douarnenez
Rosporden
Baud
Lanine
Bain
Craon
Audierne
Quimperlay
Lohanc
Messac
Pouance
QUIMPER
Concarneau
Pontevène
Hennebond
Malestroit
Garantoir
Chau Briant
Segré
Pont l'Abbé
Orient
Rochefort
Rheydon
Derval
Cande
Penmarc
Port Louis
VANNES
Quintinberg
Rieux
Nozay
Les Glenan
Muzillac
Presqu'Isle
de Quiberon
Houat I.
Hedic
Pont Chateau
Blain
Ancenis
Irigrande
I. de Groix
le Palais
leCroisic
Guerrande
Savenay
Oudon
St Florent le Vieil
S Nazaire
Montoin
NANTES
le Loroux Bottereau
BELLE ISLE
Entrée de la Loire
Painboeuf
la Plaine
Lac de grand
Clisson
Montfaucon
le Pilier
Bourgneuf
Mortagne
NOIRMOUTIER
Machecou
Montaigu
Beauvoir
Roche Serviere

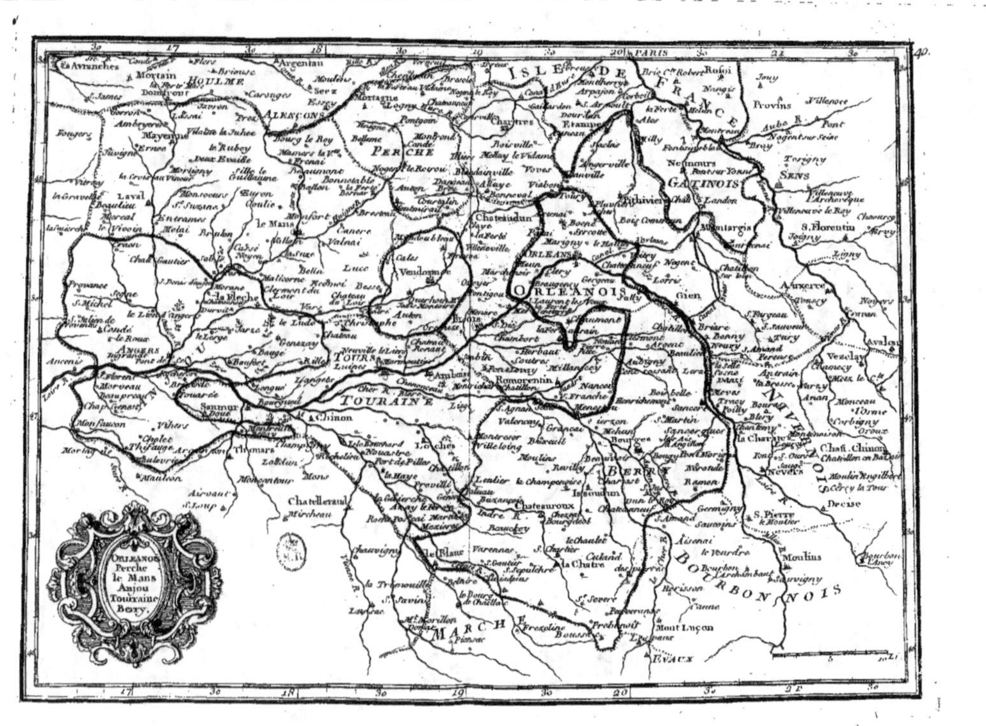

Orleanois
Perche
le Mans
Anjou
Touraine
Bery.
ISLE DE FRANCE
GATINOIS
PERCHE
ALENCONS
HOULME
ORLEANOIS
TOURAINE
BERRY
NIVERNOIS
BOURBONNOIS
MARCHE
PARIS

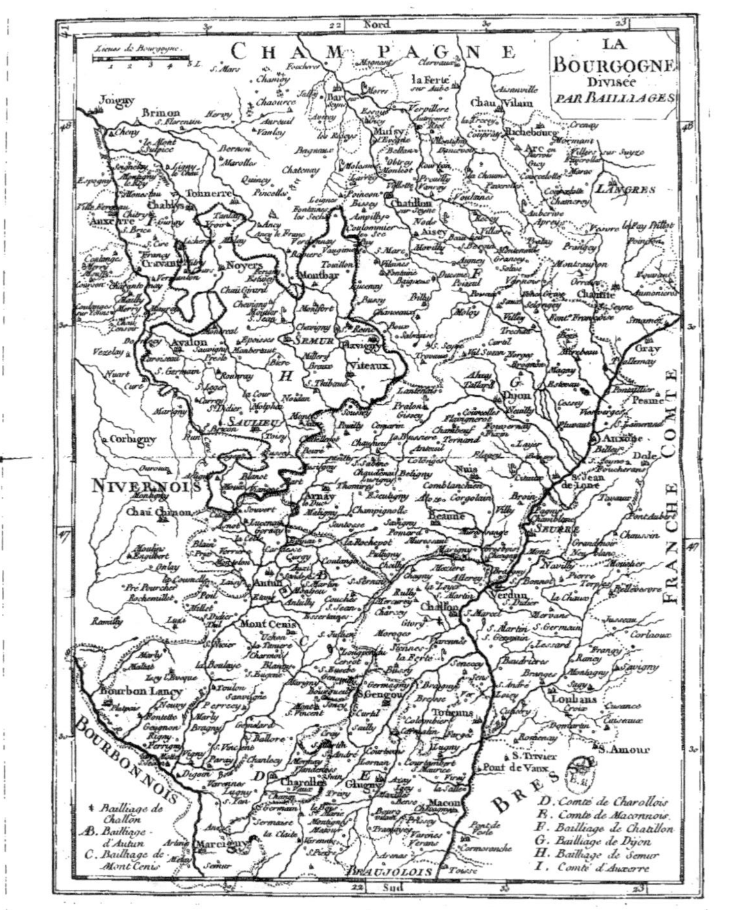
LA BOURGOGNE DIVISÉE PAR BAILLIAGES
CHAMPAGNE
FRANCHE COMTE
BRESSE
BOURBONNOIS
NIVERNOIS
BEAUJOLOIS
LANGRES
Nord
Sud
Lieuës de Bourgogne.
D. Comté de Charollois
E. Comté de Maconnois
F. Bailliage de Chatillon
G. Bailliage de Dijon
H. Bailliage de Semur
I. Comté d'Auxerre
Bailliage de Chalon
A B. Bailliage d'Autun
C. Bailliage de Mont Cenis

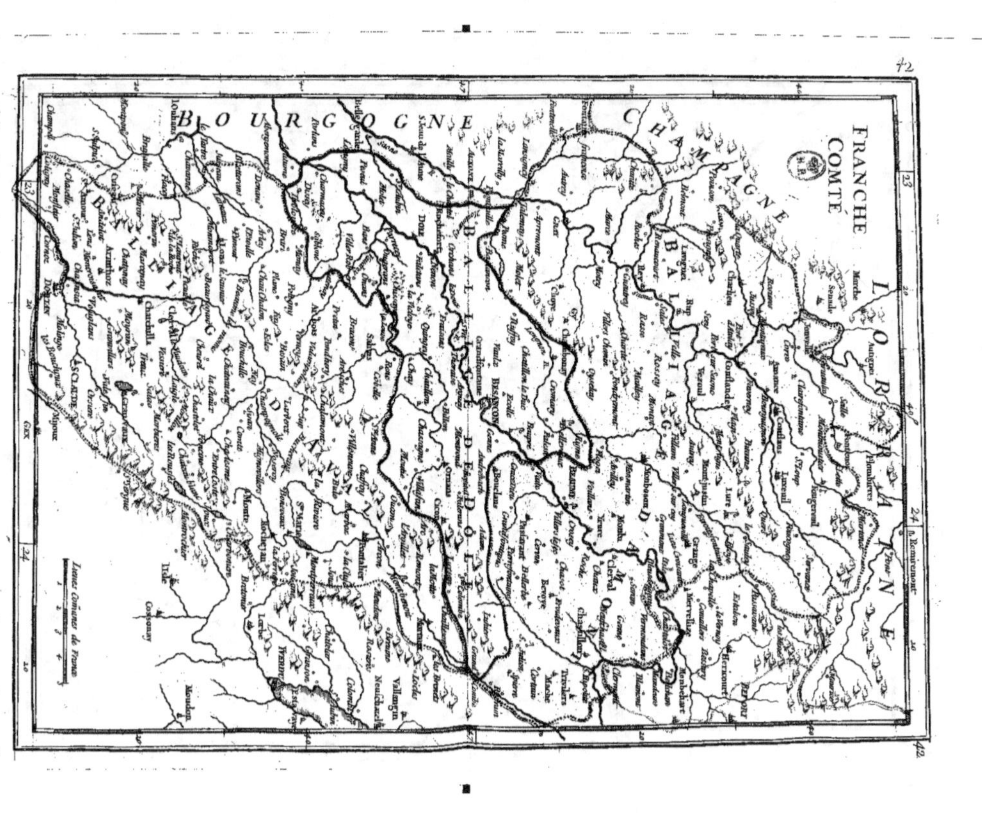

FRANCHE COMTÉ
BOURGOGNE
CHAMPAGNE
LORRAINE
BRESSE
BESANÇON
Lieues Communes de France

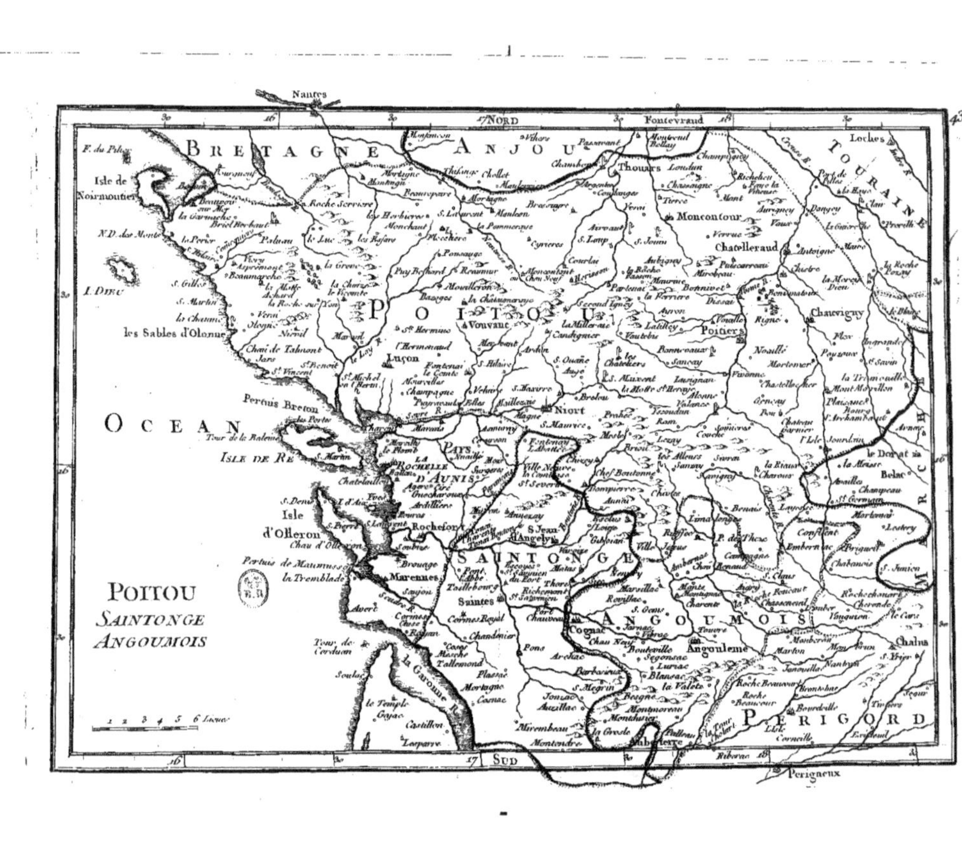
Nantes
NORD
Fontevraud
Loches
43
BRETAGNE
ANJOU
TOURAINE
F. du Palais
Isle de
Noirmoutier
Thouars
Loudun
Moncontour
Chatelleraud
N.D. des Monts
I. DIEU
Poitiers
Chauvigny
les Sables d'Olonne
POITOU
OCEAN
Luçon
Niort
la Tremouille
Pertuis Breton
ISLE DE RE
PAYS
S. Martin
D'AUNIS
LA ROCHELLE
Belac
Isle
d'Olleron
Rochefort
S. Jean
d'Angely
Chau d'Olleron
Pertuis de Maumusson
la Tremblade
SAINTONGE
Marennes
POITOU
SAINTONGE
ANGOUMOIS
Saintes
ANGOUMOIS
Tour de
Cordouan
Cognac
Angouleme
Chalus
la Garonne
S. Megrin
1 2 3 4 5 6 Lieues
le Temple
Castillon
Lesparre
Mirembeau
Montendre
PERIGORD
Perigueux
SUD
Riberac

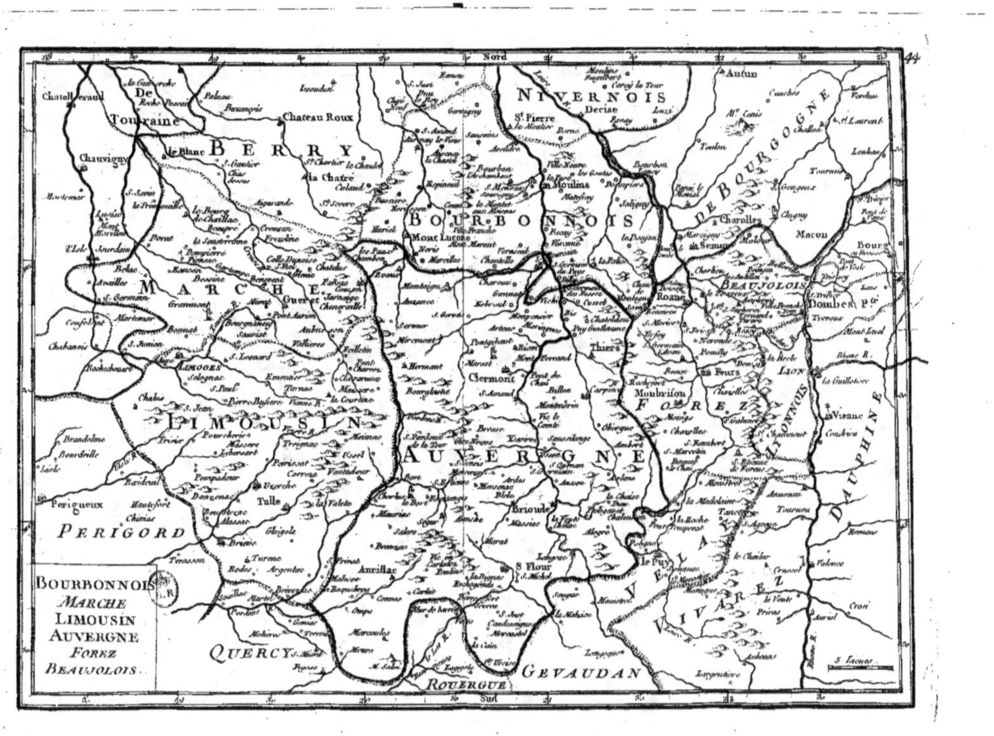

Nord
44
BOURBONNOIS
MARCHE
LIMOUSIN
AUVERGNE
FOREZ
BEAUJOLOIS
NIVERNOIS
DE BOURGOGNE
BERRY
BOURBONNOIS
MARCHE
LIMOUSIN
AUVERGNE
FOREZ
BEAUJOLOIS
DOMBES Pce
LIONNOIS
FOREZ
DAUPHINE
PERIGORD
VELA
VIVAREZ
QUERCY
GEVAUDAN
ROUERGUE
Sud
5 Lieues

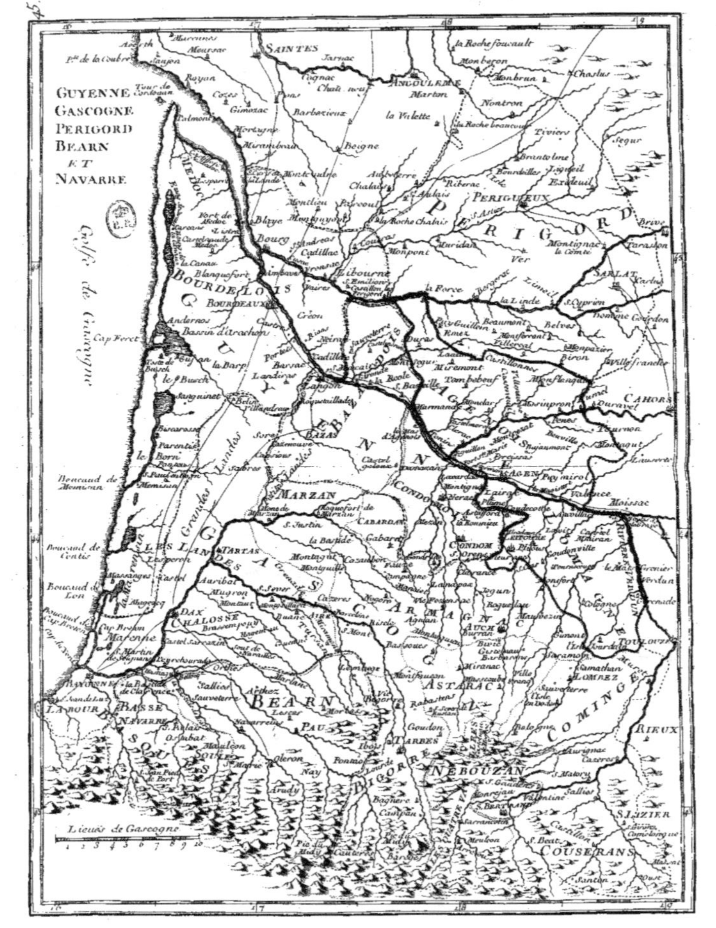

GUYENNE
GASCOGNE
PERIGORD
BEARN
ET
NAVARRE
Golfe de Gascogne
SAINTES
ANGOULEME
PERIGORD
PERIGUEUX
SARLAT
CAHORS
BOURDELOIS
BOURDEAUX
GUYENNE
LES LANDES
BAZADOIS
BAZAS
AGENOIS
AGEN
MARZAN
CONDOMOIS
CONDOM
GASCOGNE
ARMAGNAC
ASTARAC
AUCH
LOMBEZ
TOULOUSE
COMINGE
DAX
CHALOSSE
BEARN
PAU
TARBES
BIGORRE
NEBOUZAN
RIEUX
S. LIZIER
COUSERANS
LABOUR
BASSE NAVARRE
SOULE
Bayonne
Cap Foret
Cap Breton
Lieuës de Gascogne
1 2 3 4 5 6 7 8 9 10

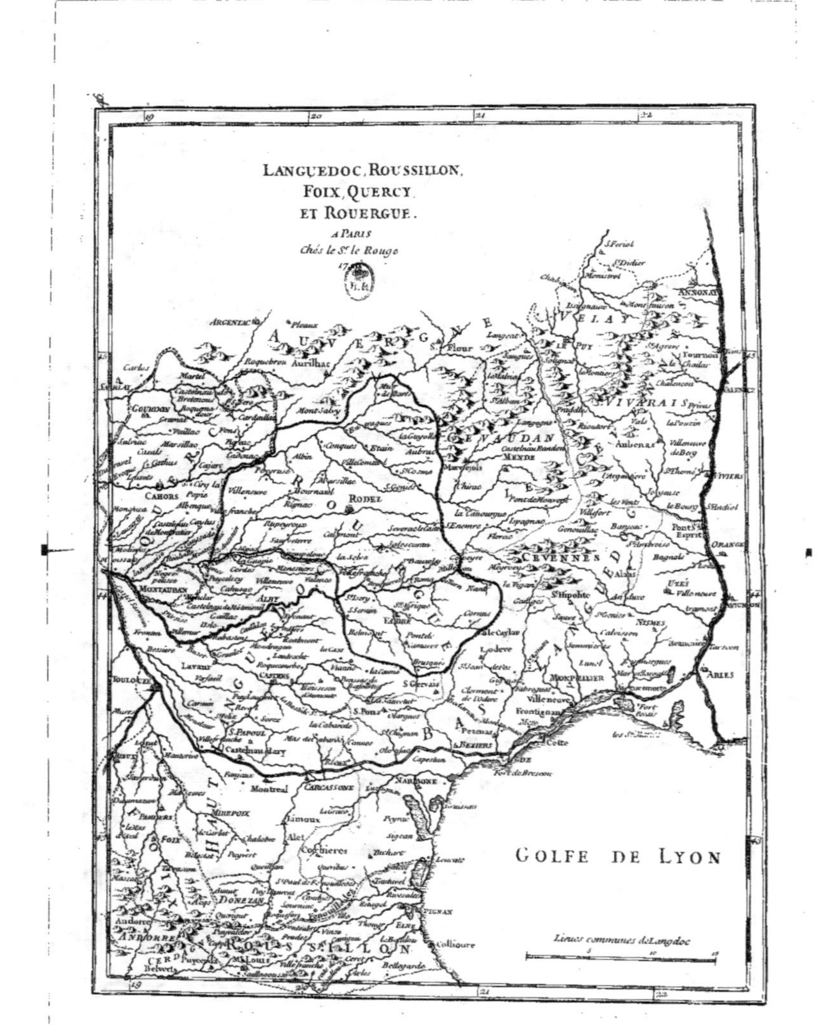

LANGUEDOC, ROUSSILLON,
FOIX, QUERCY,
ET ROUERGUE.
A PARIS
Chés le Sr. le Rouge
GOLFE DE LYON
Lieues communes de Languedoc

PROVENCE
ET
DAUPHINÉ.
à Paris Par et chez le Rouge
VIENNOIS
GRESIVAUDAN
DAUPHINÉ
DIOIS
EMBRUNOIS
EMBRUN
HAUTE PROVENCE
COMTAT
VENAISSIN
BASSE PROVENCE
Vallée de Barcelonette
Barcelonette
GOLFE DE LION
GOLFE DE GENES
Lieues de Provence et de Dauphiné

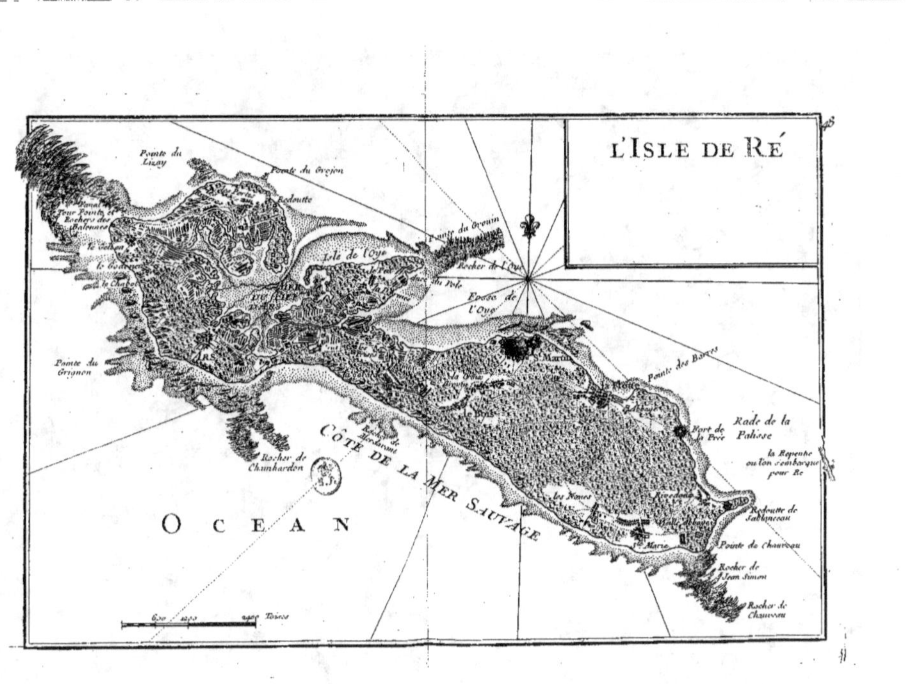

L'ISLE DE RÉ
Pointe du Lizay
Pointe du Grejon
Redoutte
Canal
Tour Pointe et Rochers des Baleannes
le Gillieu
le Godinne
le Chabot
Pointe du Grignon
Isle de l'Oye
Rocher de l'Oye
Pointe du Grouin
Escheo de l'Oye
Marée
Pointe des Baleines
Rocher de Chanchardon
Rocher de Mortanne
CÔTE DE LA MER SAUVAGE
OCEAN
Rade de la Palisse
Fort de la Prée
la Repente ou l'on s'embarque pour Ré
Redoutte de Sablanceau
Pointe de Chauveau
Rocher de S. Jean Simon
Rocher de Chauveau
S.te Marie
les Nones
600   1200   2400 Toises

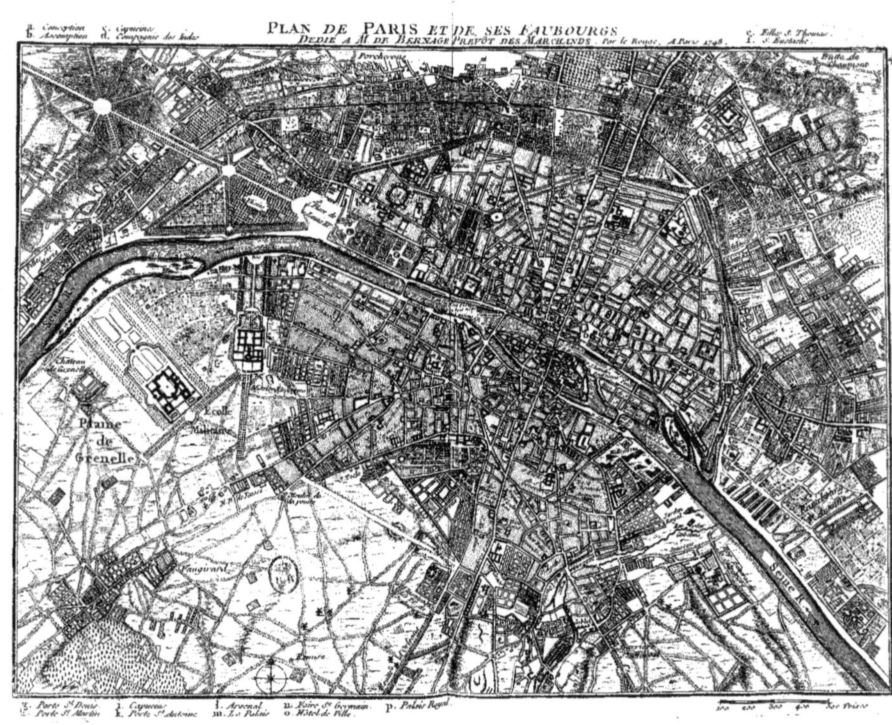

PLAN DE PARIS ET DE SES FAUBOURGS
DEDIÉ A M. DE BERNAGE PREVÔT DES MARCHANDS. Par le Rouge. A Paris 1748.
a. Conception
b. Assomption
c. Capucins
d. Compagnie des Indes
e. Filles S. Thomas
f. S. Eustache
Royalle
Porcheron
Butte de Chaumont
Château de la Muette
Plaine de Grenelle
Ecole Militaire
Vaugirard
Moulin de Javel
Seine
g. Porte S. Denis
h. Porte S. Martin
i. Capucins
k. Porte S. Antoine
l. Arsenal
m. Le Palais
n. Foire S. Germain
o. Hôtel de Ville
p. Palais Royal
100   200   300   400   500 Toises

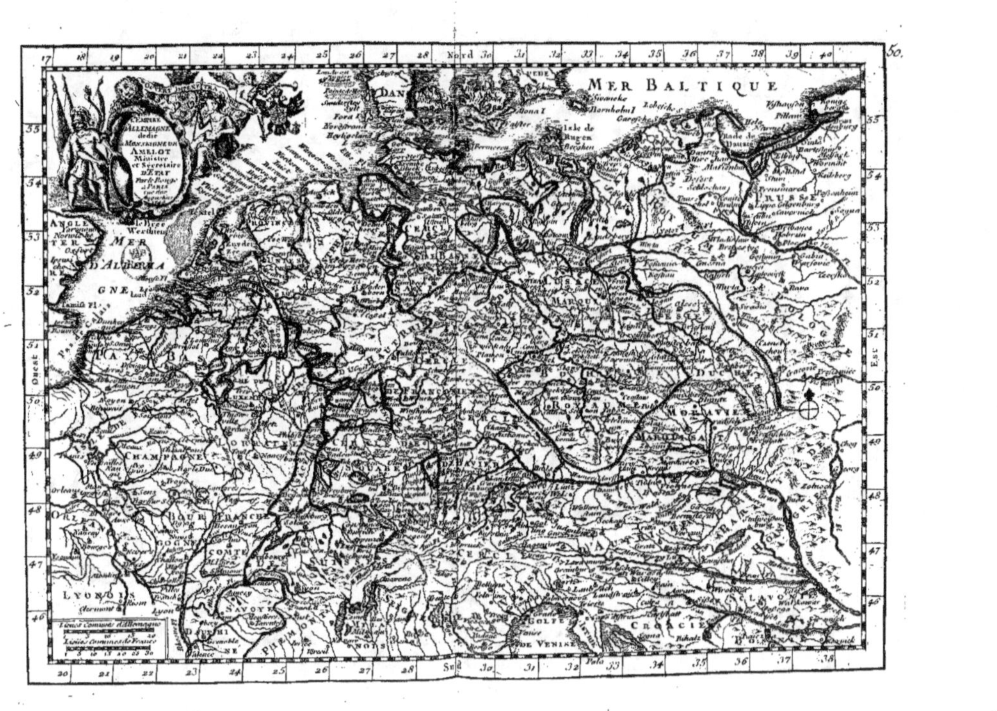

L'EMPIRE D'ALLEMAGNE dedié à Monseigneur AMELOT Ministre et Secretaire d'Etat Par le Rouge à Paris
MER BALTIQUE
MER D'ALLEMAGNE
ANGLETERRE
DANEMARCK
SUEDE
PRUSSE
MORAVIE
CHAMPAGNE
BOURGOGNE
LYONOIS
SAVOYE
CROACIE
GOLFE DE VENISE
Nord
Sud
Ouest
Est
Lieues Communes d'Allemagne
Lieues Communes de France

L'ALLEMAGNE
par Postes
MER BALTIQUE
SUEDE
DANEMARK
MER D'ALLEMAGNE
ANGLETERRE
PRUSSE
ROYAUME DE POLOGNE
PAYS BAS
BASSE SAXE
WESTPHALIE
PROVINCES UNIES
HAUT RHIN
FRANCONIE
BOHEME
MORAVIE
FRANCE
CHAMPAGNE
LORRAINE
ALSACE
SOUABE
BAVIERE
AUTRICHE
HONGRIE
ORLEANOIS
BOURGOGNE
FRANCHE COMTE
LES SUISSES
SCLAVONIE
LYONOIS
SAVOIE
PIEMONT
DAUPHINE
CROACIE
BOSNIE
GOLFE DE VENISE
VENISE
Lieues Communes d'Allemagne
Lieues Communes de France

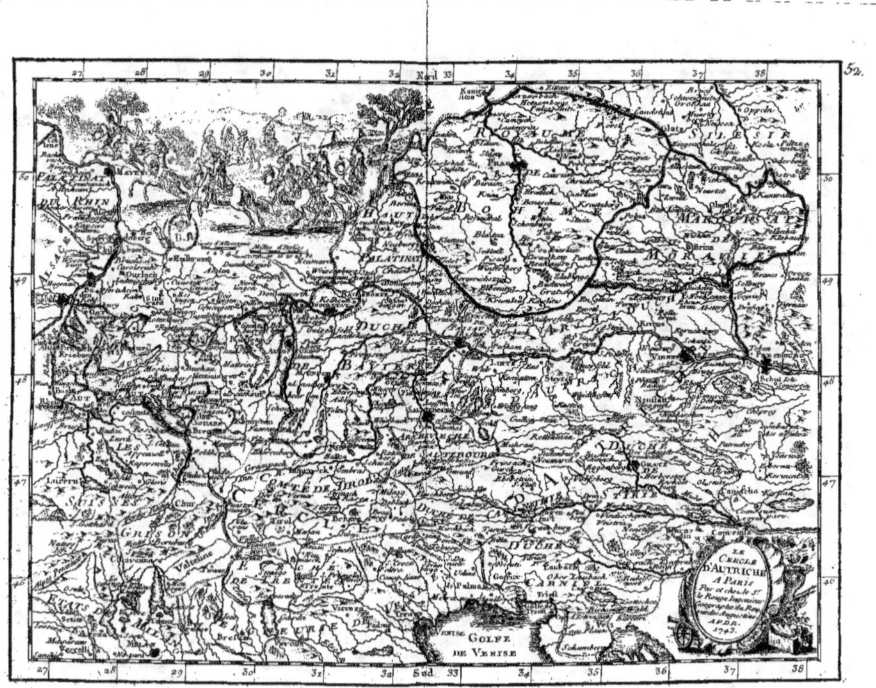

LE CERCLE D'AUTRICHE
A PARIS
Par et chez le S.r le Rouge Ingenieur
Geographe du Roy, rue des Augustins
A.P.D.R.
1743

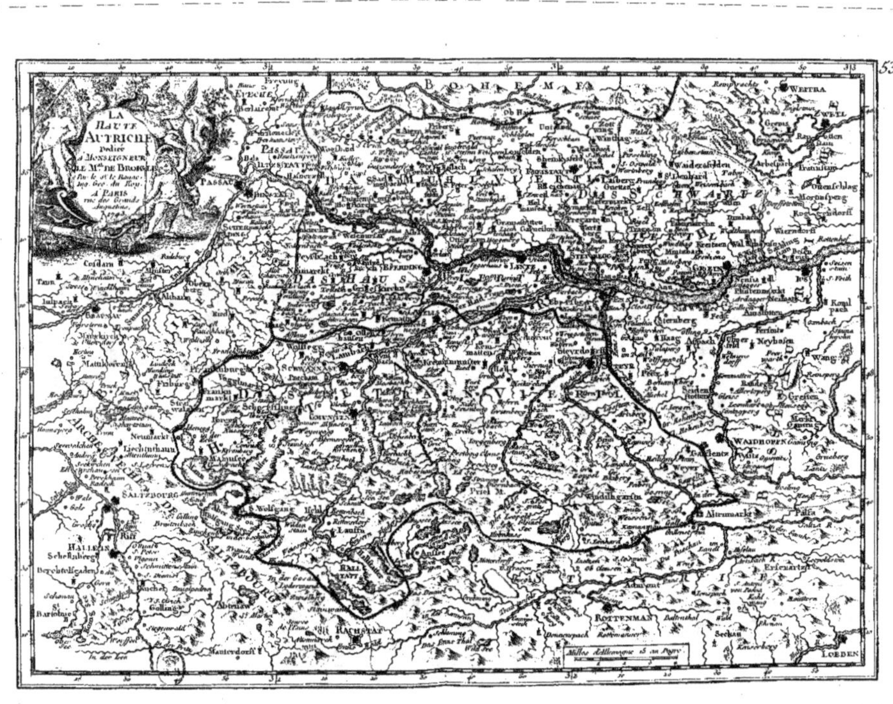

LA
HAUTE
AUTRICHE
Dediée
a MONSEIGNEUR
LE Mis DE BROGLIE
Par le Sr le Rouge
Ing. Geo. du Roy.
A PARIS
rue des Grands
Augustins
1743

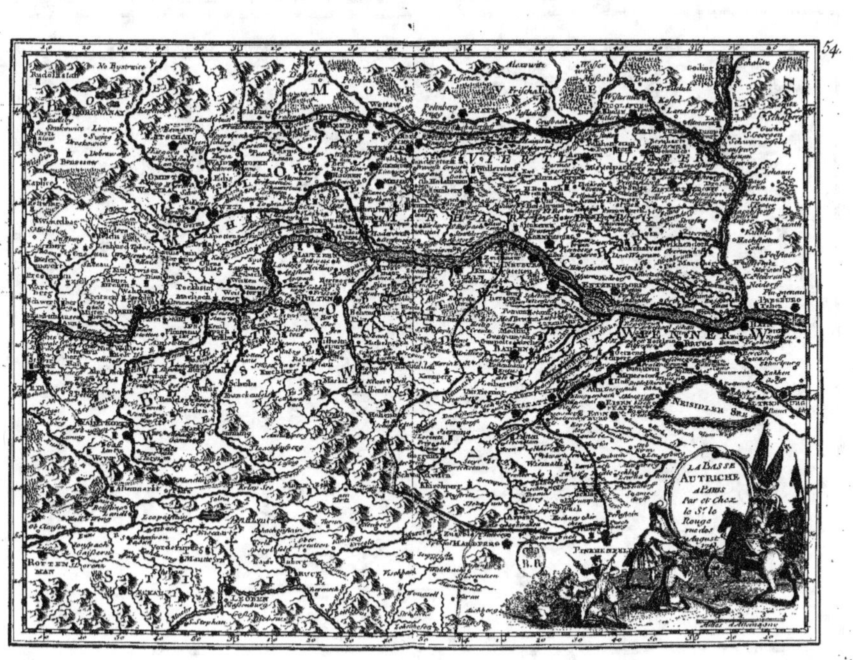
MORA
VIE
NIDER
WIEN
NEISIDLER SEE
STIRMAN
LA BASSE
AUTRICHE
a Paris
Par et Chez
le St le
Rouge
rue des
Augustins

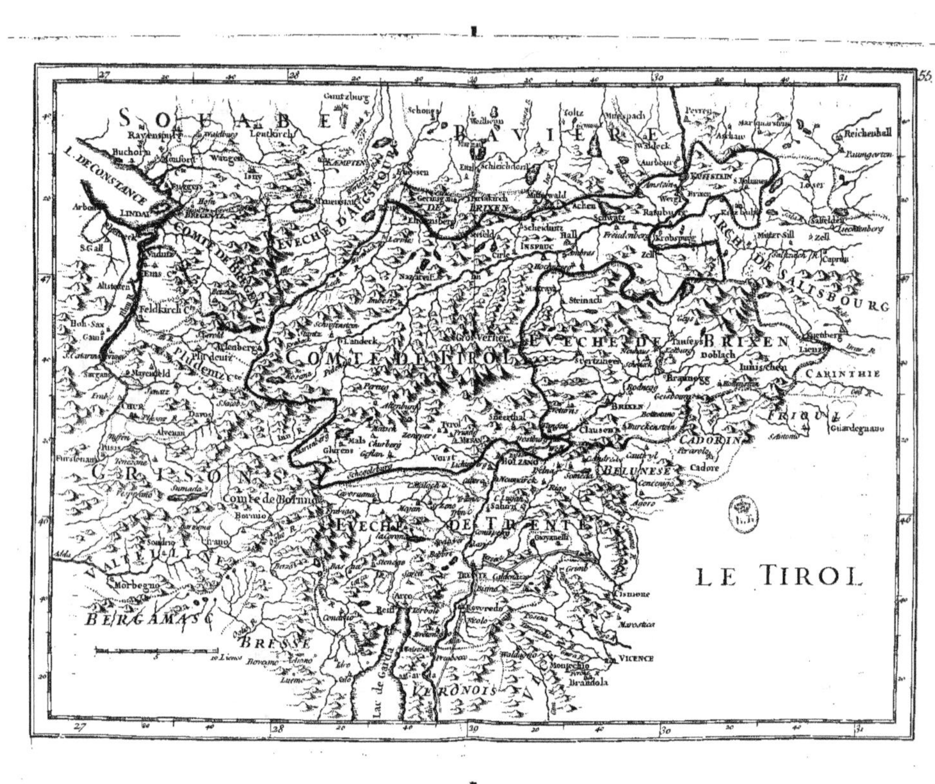
SOUABE
BAVIERE
L. DE CONSTANCE
COMTE DE BREGENZ
EVECHE D'AUGSBOURG
COMTE DE TIROL
EVECHE DE BRIXEN
ARCH. DE SALTSBOURG
CARINTHIE
GRISONS
Comté de Bormio
FRIOUL
CADORIN
VALTELLINE
BELUNESE
EVECHE DE TRENTE
BERGAMASC
BRESSE
VERONOIS
VICENCE
LE TIROL

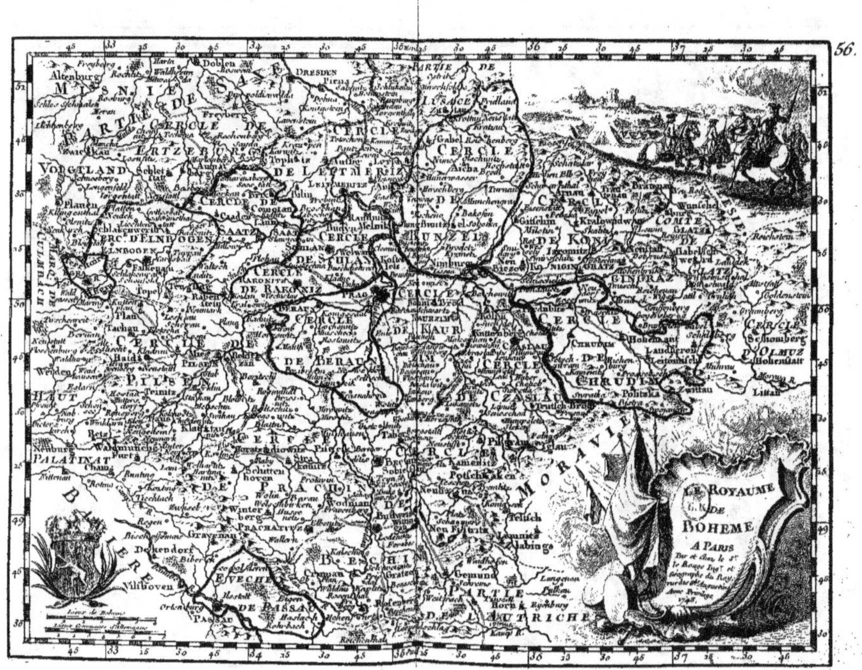

LE ROYAUME
DE
BOHEME
A PARIS

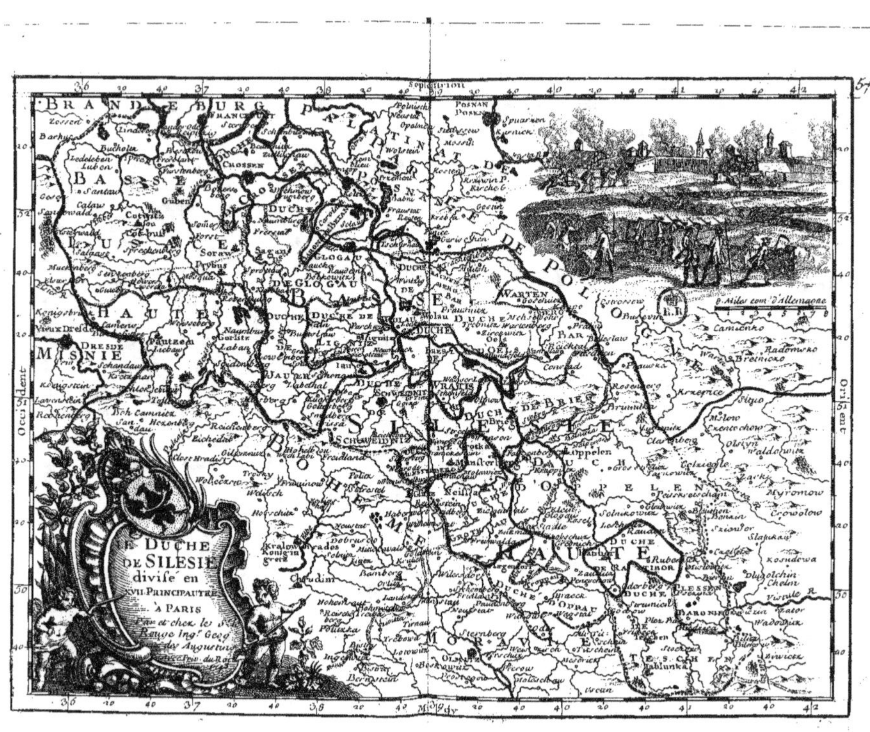

LE DUCHE
DE SILESIE
divisé en
XVII PRINCIPAUTE
A PARIS

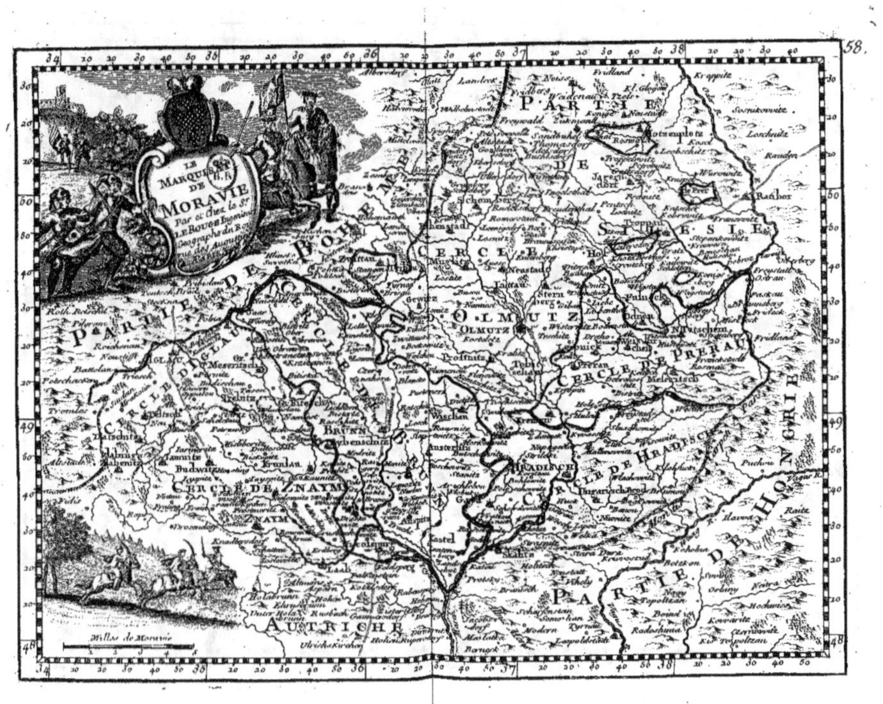

LE MARQUISAT DE MORAVIE
Par et chez le Sr. LE ROUGE Ingenieur Geographe du Roy
rue des Augustins A PARIS
PARTIE DE LA BOHEME
PARTIE DE SILESIE
CERCLE D'OLMUTZ
OLMUTZ
CERCLE DE PRERAU
CERCLE DE HRADISCH
CERCLE DE ZNAYM
CERCLE DE BRUNN
CERCLE DE GLAU
PARTIE DE HONGRIE
AUTRICHE
Milles de Moravie

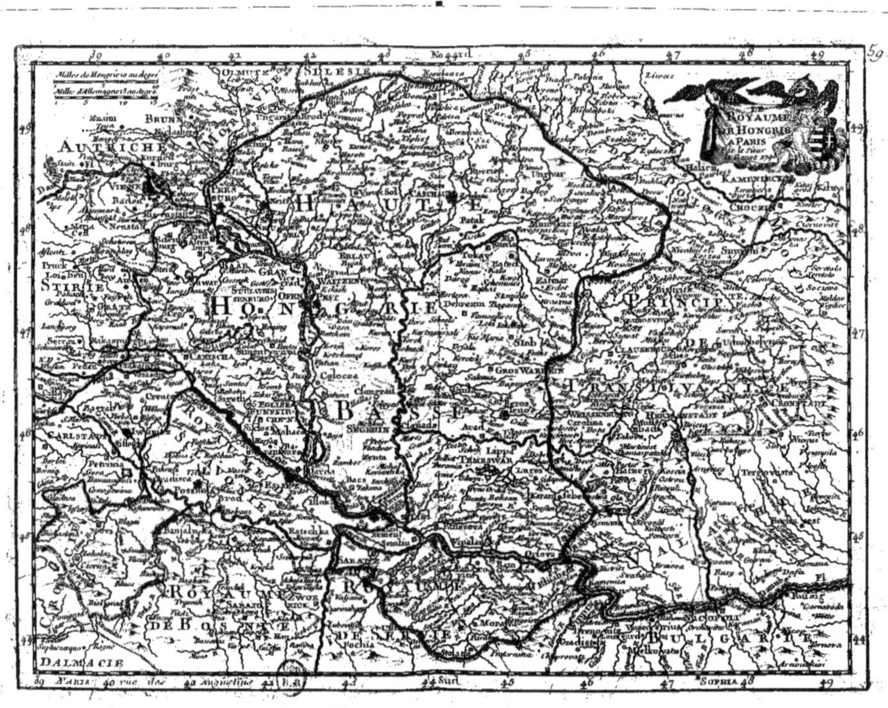

Milles de Hongrie 10 au degré
Milles d'Allemagne 15 au degré
ROYAUME DE HONGRIE
A PARIS
Par le Sieur le Rouge 1742
AUTRICHE
MORAVIE
SILESIE
STIRIE
HONGRIE
HAUTE
BASSE
PRINCIPAUTÉ DE TRANSYLVANIE
ROYAUME DE BOSNIE
ROYAUME DE SERVIE
DALMACIE
BULGARIE
BRUNN
VIENNE
PRESBURG
GRAN
WAITZEN
OFEN
PEST
COLOCZA
SEGEDIN
TEMESWAR
GROSWAR
CLAUSENBURG
HERMANSTADT
CRONSTADT
CARLSTADT
CHOCZIM
KAMINIECK
HALICZ
SOPHIA
A PARIS rue des 30 augustins B.R. Sud
No 44 xi.

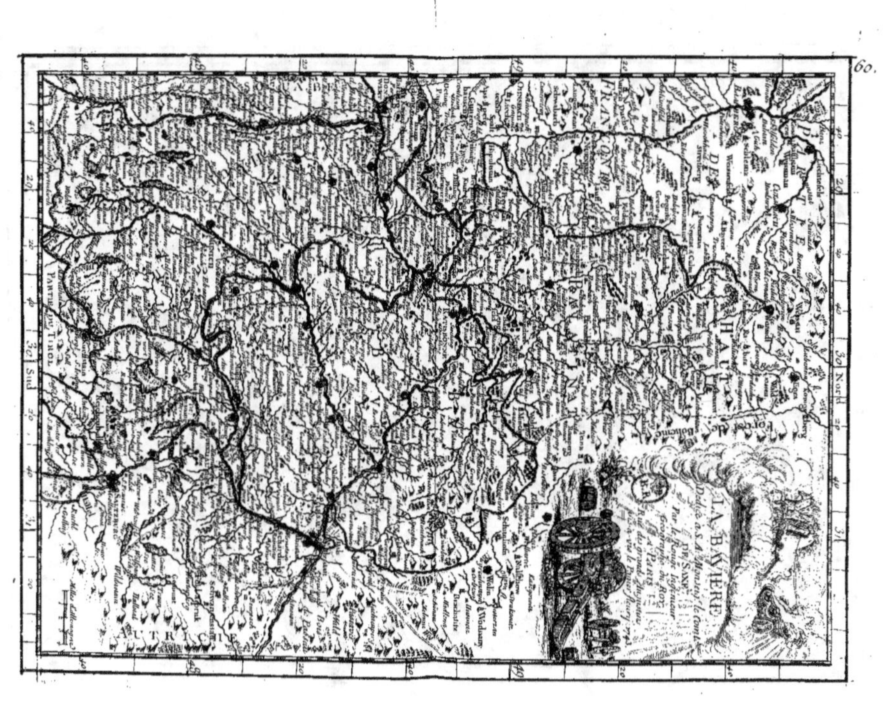

LA BAVIERE
Dédiée à S.A. Monseigneur le Comte
Par le Rouge Ingénieur
Géographe du Roy
A PARIS
Rue du grand Augustin
vis-à-vis le Pont neuf
HAUTE
BAVIERE
Forest de Boheme
AUTRICHE
PARTIE DU TIROL

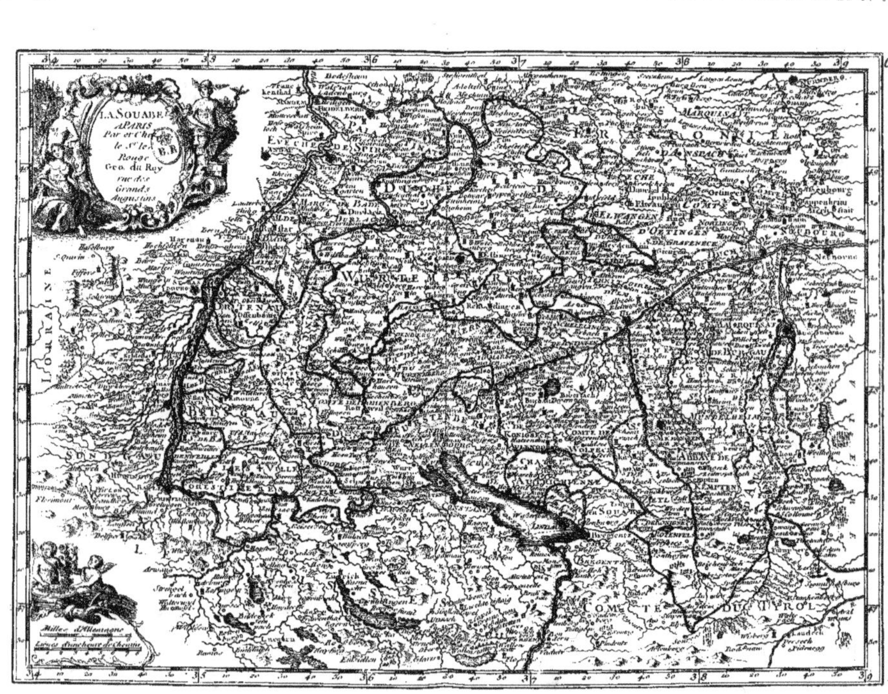

LA SOUABE
A PARIS
Par et Chez
le Sr. le
Rouge
Geo. du Roy
rue des
Grands
Augustins
1743

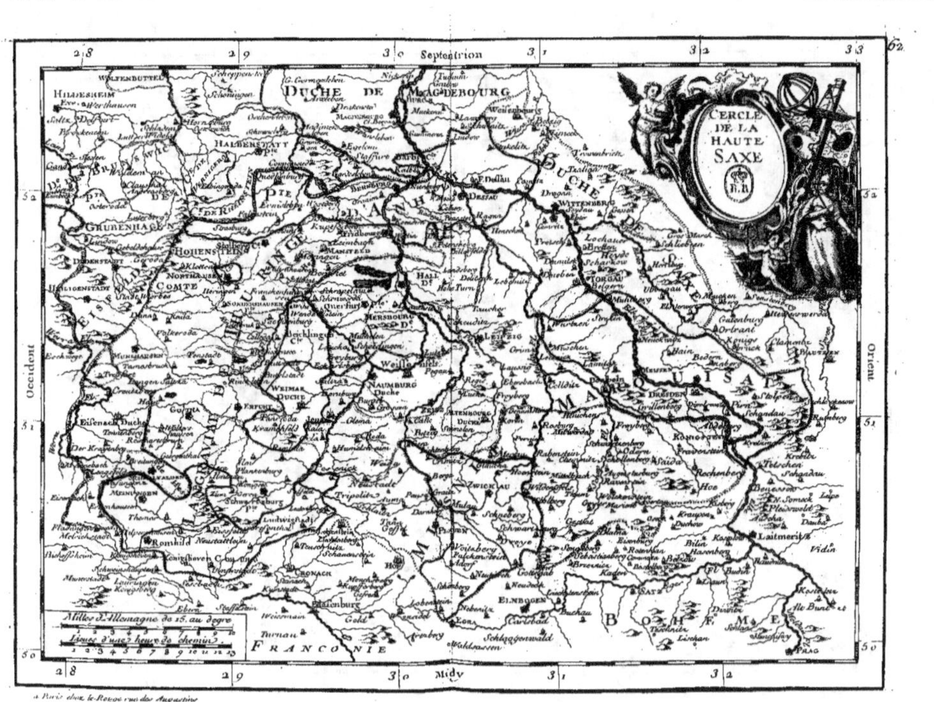

CERCLE DE LA HAUTE SAXE
Septentrion
Midy
Occident
Orient
DUCHE DE MAGDEBOURG
DUCHE DE
MARQUISAT
FRANCONIE
BOHEME
HILDESHEIM
WOLFENBUTTEL
HALBERSTATT
GRUBENHAGE
HOHENSTEIN
NORTHAUS
HEILIGENSTADT
COMTE
SONDERSHAUSEN
HERSBOURG
LEIPZIG
NAUMBURG DUCHE
WEIMAR DUCHE
ERFURT
GOTHA
EISENACH Duche
ROMHILD
WITTENBERG
TORGAU
DRESDEN
ZWICKAU
ALTENBOURG DUCHE
ELNBOGEN
CRONACH
LAITMERITS
VIDIN
PRAG
Milles d'Allemagne de 15 au degré
Lieues d'une heure de chemin
a Paris chez le Rouge rue des Augustins

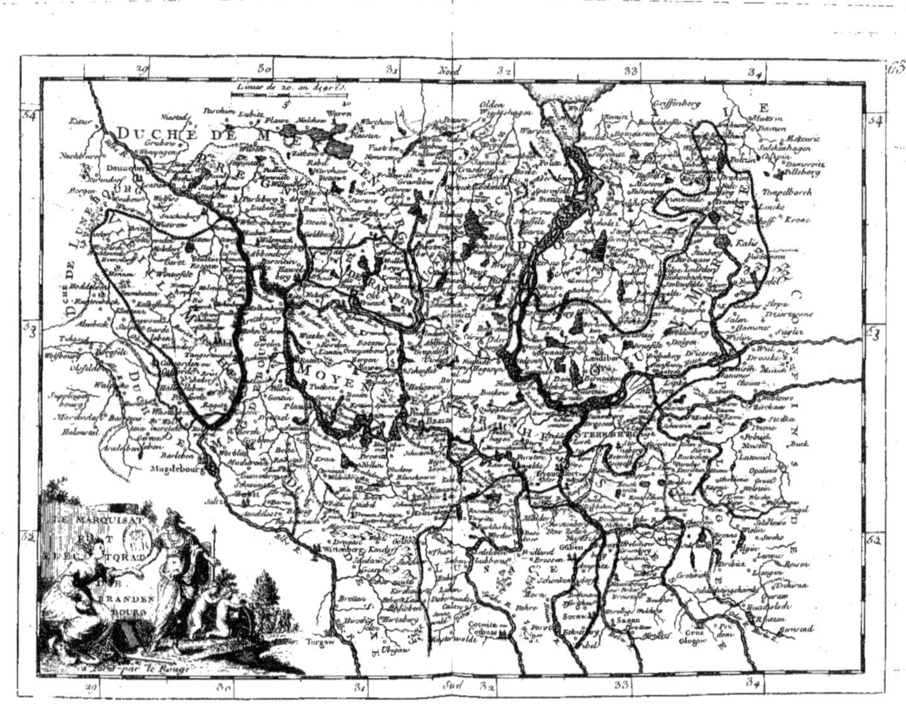

Lieüe de 20. au degré E.
Nord
Sud
DUCHÉ DE M
DE LUNEB
MOYE
Magdebourg
LE MARQUISAT
ET
ELECTORAT
DE
BRANDEN
BOURG
Dressé par le Rouge
Turgau

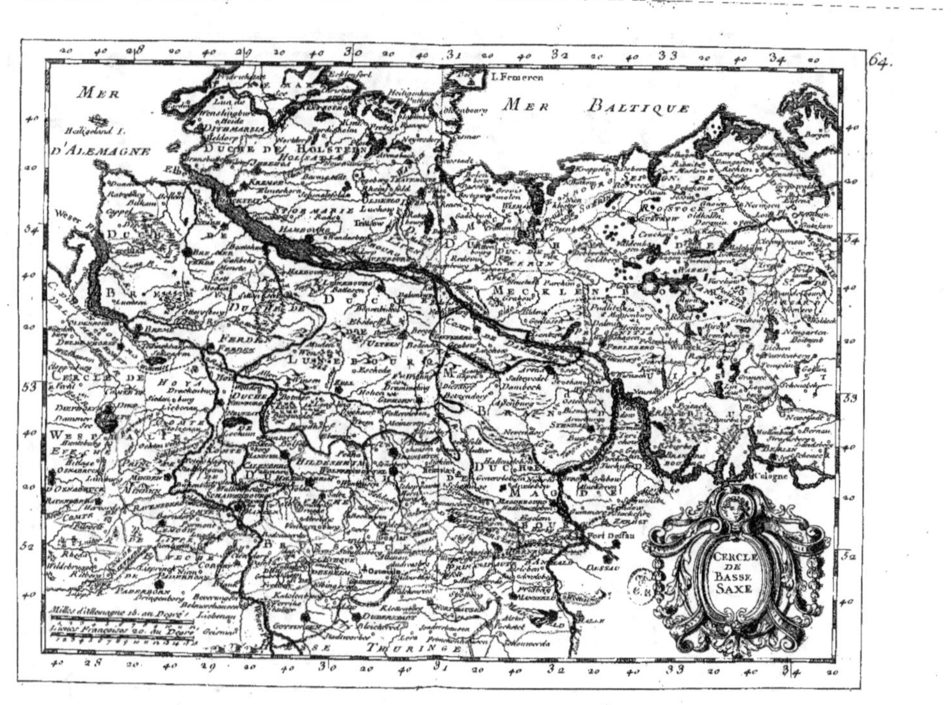
64.
MER
D'ALEMAGNE
MER BALTIQUE
Heligoland I.
DUCHÉ DE HOLSTEIN
L. Femeren
DITHMARSIA
Weser
DUCHÉ DE
DUCHÉ
MECKLEN
Rostock
SEGN. DE
DUCHÉ DE
FERDEN
LUNEBOURG
BRAN
DUCHÉ DE
MAG
CERCLE DE
WESPHALIE
Fort Dessau
DESSAU
Milles d'Allemagne 15. au Degré
Lieues Françoises 20. au Degré
THURINGE
CERCLE
DE BASSE
SAXE

CERCLE
DE
WESTPHALIE
Par le Rouge
rue des Gr.ds Augustins
Lieues
HAMBOURG Elbe R.
Emden
BREMEN
Oldenborg
Delmenhorst
Nienburg
Neustatt
HANNOVER
Osnabruck
Minden
Hamelen
Deventer
Arnhem
MUNSTER
Paderborn
Nimegue
Wesel
Gelder
Venlo
Dusseldorp
Waldeck
Casel
Frizlar
Roermond
Maestricht
Aix
LIEGE
Juliers
Cologne
Bonn
Siegen
Wetlar
Limbourg

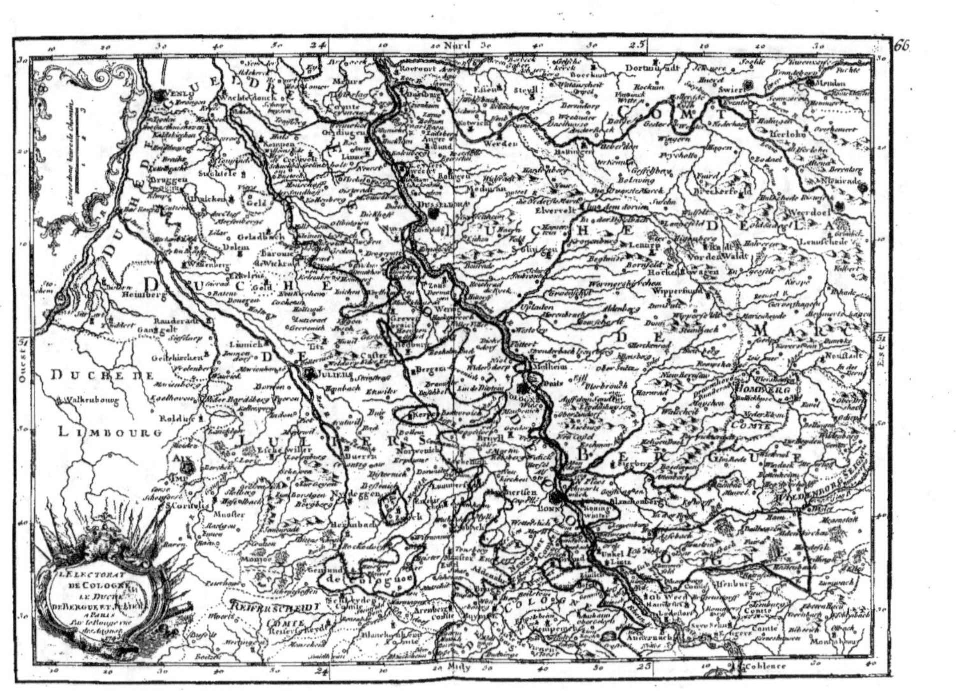

Nord
Ouest
Est
Midy
66
L'ELECTORAT
DE COLOGNE,
LE DUCHE
DE BERG ET LE LIMB.
a Paris
DUCHE DE GUELDRE
DUCHE DE JULIERS
DUCHE DE BERG
DUCHE DE LA MARC
LIMBOURG
DUCHE DE COLOGNE
REIFERSCHEIDT
COMTE
HOMBERG
COMTE
Venlo
Ruremonde
Druggen
Geld
Heimberg
Juliers
Aix
Rolduc
Bonn
Dortmunat
Iserlohn
Neustadt
Coblence

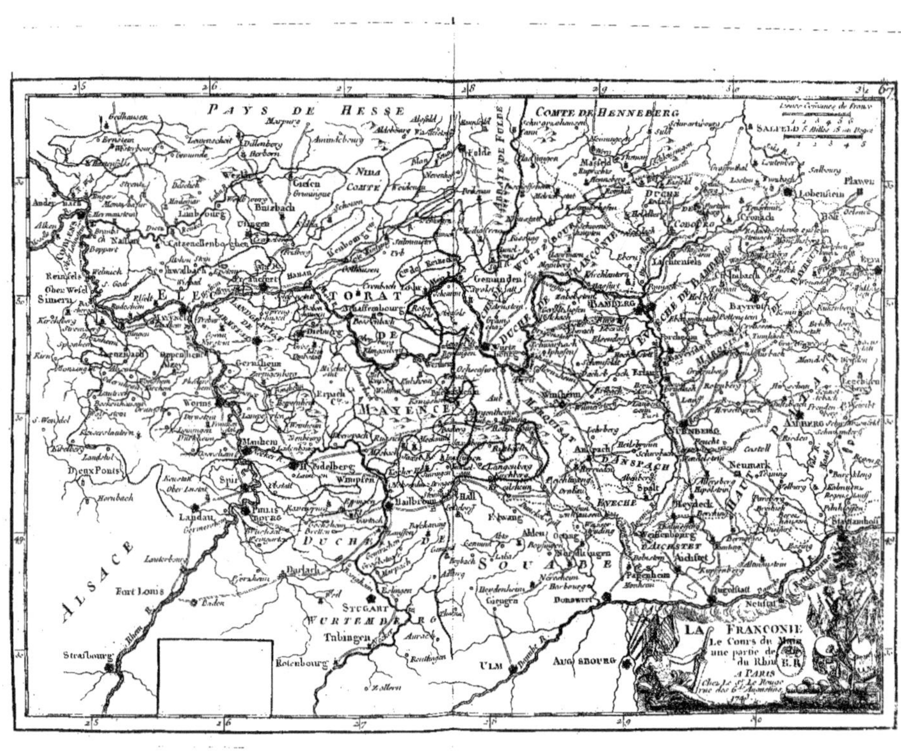

PAYS DE HESSE
COMTE DE HENNEBERG
COMTÉ DE NINA
DUCHÉ DE FULDE
ELECTORAT DE MAYENCE
DUCHÉ DE WURTZBOURG
EVECHÉ DE BAMBERG
MARGRAVIAT DU HAUT PALATINAT
DUCHÉ DE SOUABE
DANSPACH
EVECHÉ D'EICHSTET
WURTEMBERG
ALSACE
COBLENTZ
COBOURG
Lobenstein
Plawen
Bayreuth
Neumark
Amberg
Hambourg
Lichtenfels
Gemunden
Hanau
Worms
Manheim
Heidelberg
Wimpfen
Spir
Philisbourg
Landau
Fort Louis
Strasbourg
Baden
Durlach
Stugart
Tubingen
Rotenbourg
ULM
Augsbourg
Donawert
Neustat
Ingolstatt
Aichstet
Hall
Vaïlbron
Limbourg
Weslar
Gieszen
Buirbach
Fulde
Simeru
Deux Ponts
Hornbach
Landau
LA FRANCONIE
Le Cours du Mein
une partie du Rhin
a PARIS
Chez le Sr Le Rouge
rue des Gds Augustins
1746

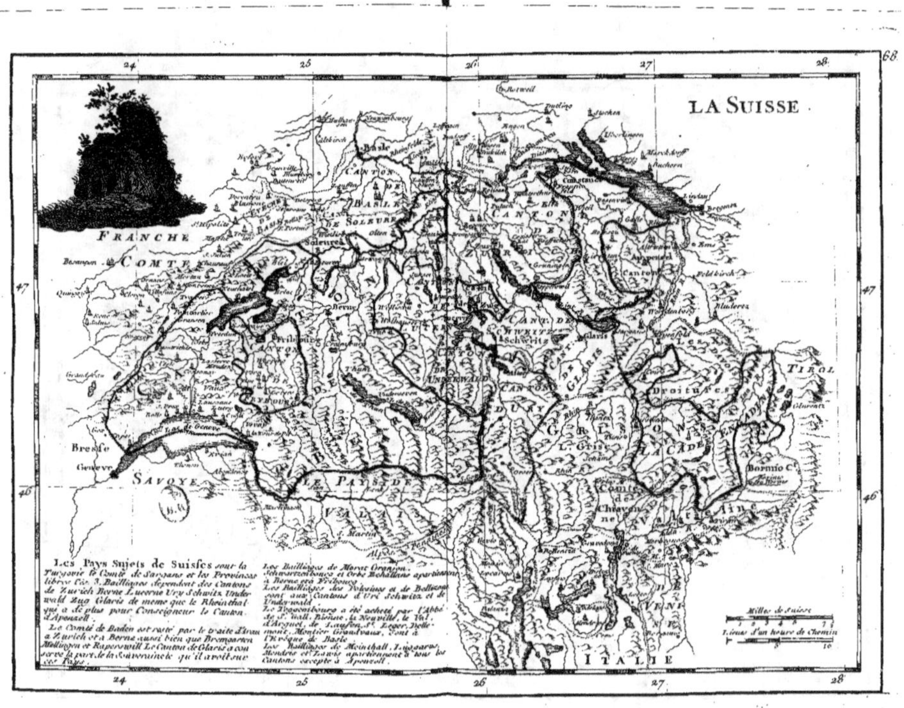

LA SUISSE
FRANCHE COMTÉ
SAVOYE
ITALIE
TIROL
LE PAYS DE VALAIS
CANTON DE BASLE
CANTON DE SOLEURE
CANTON DE ZURICH
CANTON D'APENZEL
CANTON DE SCHWEITZ
CANTON D'URY
CANTON DE GLARIS
CANTON DE BERNE
CANTON DE FRIBOURG
UNDERWALD
GRISONS
Besançon
Genève
Bresse
Bormio C.
Les Pays Sujets de Suisses sour la Turgovie le Comté de Sargans et les Provinces libres Cis 3. Bailliages dependent des Cantons de Zurich Berne Lucerne Ury Schwitz Underwald Zug Glaris de meme que le Rheinthal qui a de plus pour Conseigneur le Canton d'Apenzell.
Le Comté de Baden est resté par le traité d'Arau à Zurich et à Berne aussi bien que Bremgarten Mellingen et Rapperswill Le Canton de Glaris a conservé la part de la Souveraineté qu'il avoit sur ces Pays.
Les Bailliages de Morat Granson Schwarzenbourg et Orbe Echallens appartiennent à Berne et à Fribourg.
Les Bailliages des Volaines et de Bellizone sont aux Cantons d'Uri Schwitz et de Underwald.
Le Thurgau a été acheté par l'Abbé de St. Gall. Bienne, la Neuville, le Val d'Arguel, de Lausien, St. Leger, Delle mont, Montier Grandvaux, sont à l'Evêque de Basle.
Les Bailliages de Meinthall, Luggarus, Mendrie et Louis appartiennent à tous les Cantons excepté à Apenzell.
Milles de Suisse
Lieues d'un heure de Chemin

Nord
Sud
Ouest
Est
OCEAN
MER DE BISCAYE
GUIENNE
OCCIDENTAL
ou ATLANTIQUE
GALLICE
LES ASTURIES
ROYAUME DE CASTILLE
ROYAUME DE LEON
ROYAUME
PORTUGAL
D'EXTRE
MADURA
D'ALGARVE
ANDALOUSIE
ROYAUME DE SEVILLE
GRENADE
ROYAUME DE MURCIE
VALENCE
TARRAGONE
MALLORQUE
ISLE DE MALLORQUE
ISLE DE MINORQUE
IPVYCE
MER MEDITERRANEE
Detroit de Gibraltar
GIBRALTAR
Tanger
Ceuta
Tetuan
Arzilla
Larache
MER DE BARBARIE
PARTIE DE L'AFRIQUE
BARBARIE
Lisbonne
SEVILLE
Cadis
Alger
L'ESPAGNE
suivant les Nouvelles
Observations
A PARIS par le Rouge
Echelles

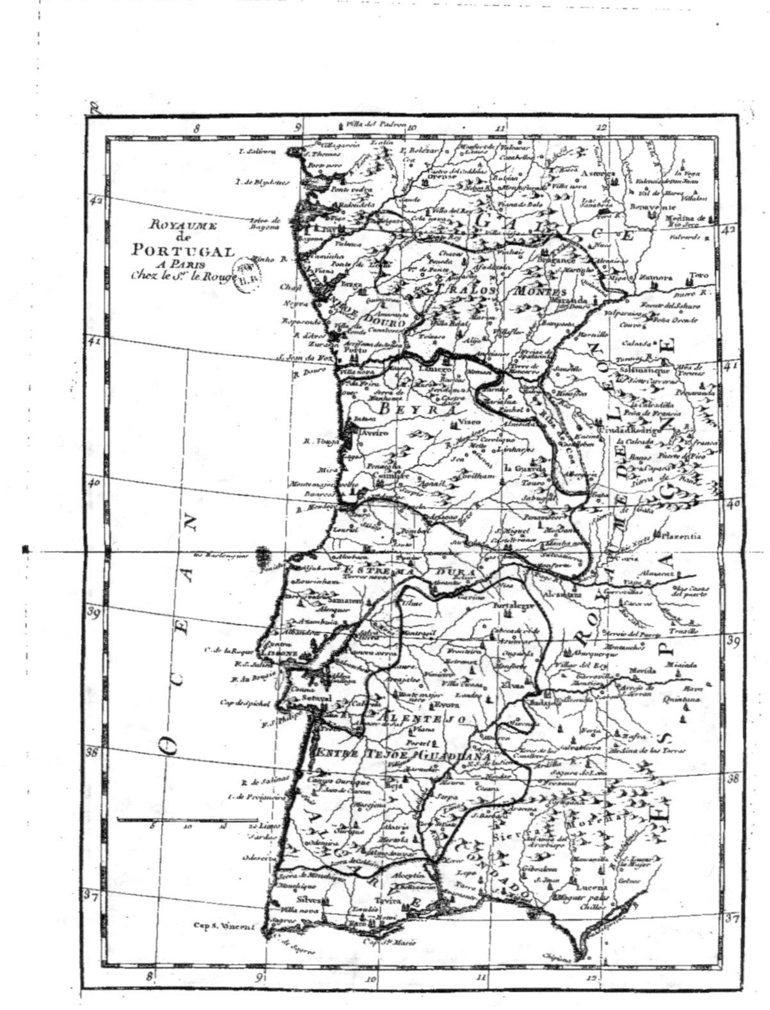

ROYAUME
de
PORTUGAL
A PARIS
Chez le Sr. le Rouge
OCEAN
GALICE
ROYAUME DE LEON
TRA LOS MONTES
ENTRE DOURO e MINHO
BEYRA
ESTREMADURA
ALENTEJO
ENTRE TEJO e GUADIANA
ROYAUME DE SPAGNE
ALGARVE
CONDADO
Cap S. Vincent
Cap de Espichel
C. de la Roque
LISBONE
Setuval
Coimbre
Aveiro
Viseo
Porto
DOURO
Braganca

L'ITALIE
A Paris
Par le Sr le Rouge.
Milles d'Italie
Lieues de France
ALLEMAGNE
FRANCE
GOLFE DE VENISE
MER MEDITERRANÉE
BARBARIE
Venise
Trieste
Rome
Naples
Corse
ISLES DE LIPARI

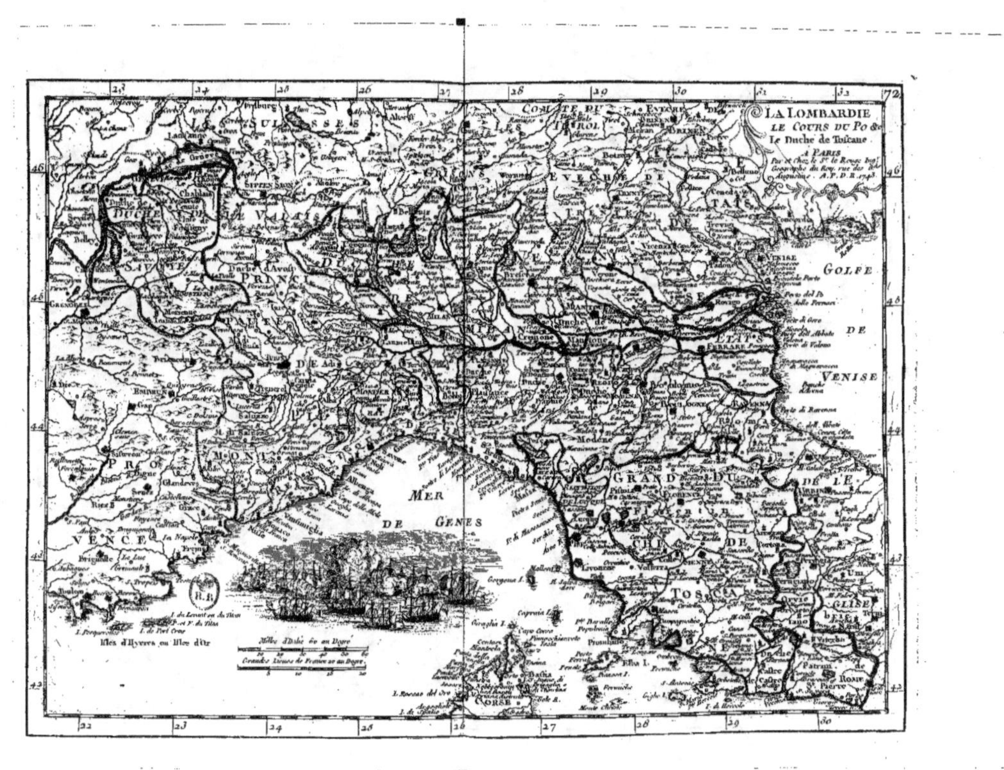

LA LOMBARDIE
LE COURS DU PO &c
Le Duche de Toscane.
A PARIS
Par & Chez le Sr le Rouge
Geographe du Roy, rue des
Augustins. A.P.D.R. 1743
GOLFE
DE
VENISE
MER
DE GENES
VENISE
GRAND DUCHÉ DE
TOSCANE
CORSE
PROVENCE
Iles d'Hyeres ou Mer d'Or

LAC DE GENEVE
LA SAVOYE
A PARIS
Par et chez le Sr.
le Rouge
Ing. Geo. du Roy
Rue des Augustins
1743. A.P.D.R.
LA BRESSE
BARONIE DE
FAUCIGNY
ALPES
DUCHÉ
DE
TARENTAISE
DUCHÉ D'AOUST
COMTÉ DE MORIENNE
CANAVESE
Mine de Cristal
Nord
Sud

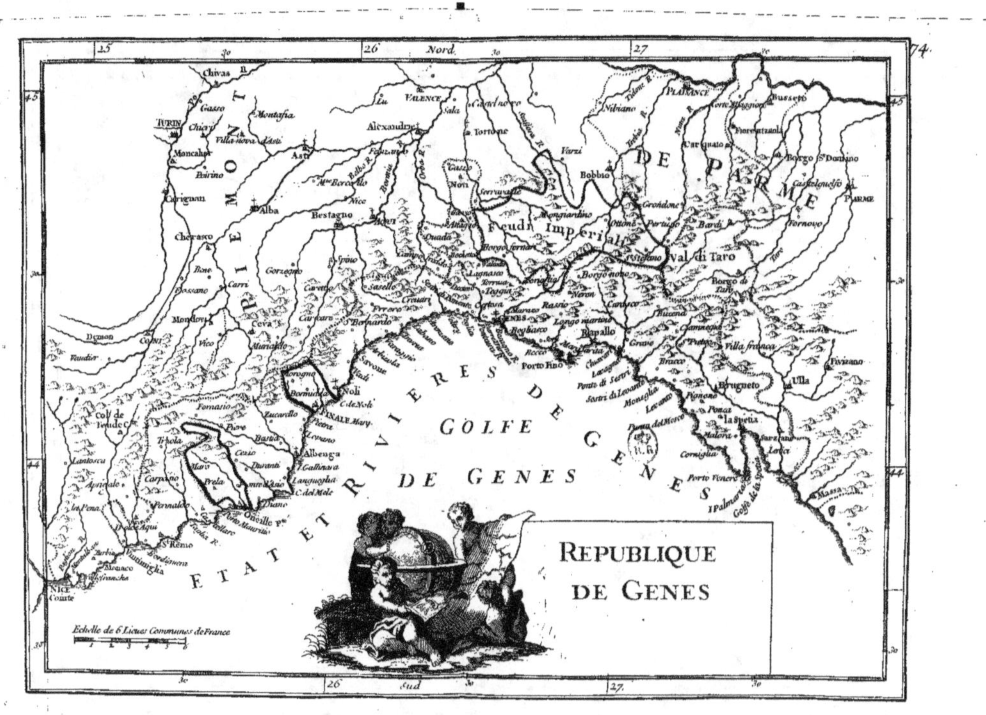

REPUBLIQUE DE GENES
GOLFE DE GENES
ETAT ET RIVIERES DE GENES
Echelle de 6 Lieues Communes de France

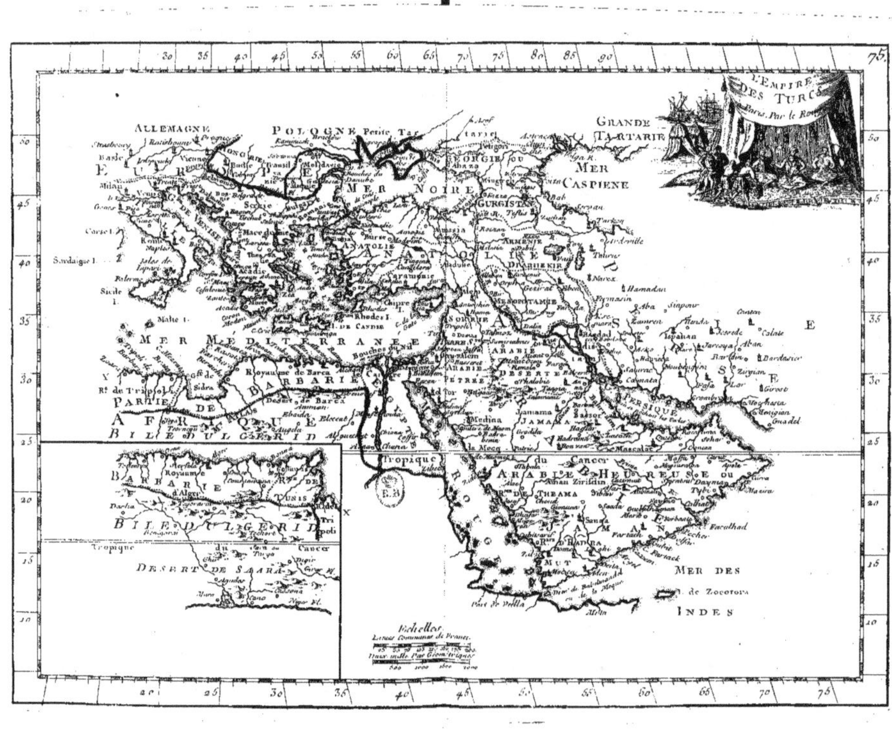
L'EMPIRE DES TURCS
ALLEMAGNE
POLOGNE
GRANDE TARTARIE
EUROPE
MER NOIRE
MER CASPIENE
GEORGIE ou GURGISTAN
ARMENIE
DIARBEKIR
ANATOLIE
MESOPOTAMIE
SYRIE
ASIE
MER MEDITERRANEE
BARBARIE
PARTIE DE L'AFRIQUE
BILEDULGERID
ARABIE DESERTE
ARABIE PETREE
GOLFE PERSIQUE
Tropique du Cancer
ARABIE HEUREUSE ou YAMAN
Medina
La Mecca
MER DES INDES
I. de Zocotora
DESERT DE SAHARA
ROYAUME DE TUNIS
BARBARIE
ROYAUME D'ALGER
Tripoli
Tropique du Cancer
Echelles
Lieues Communes de France
Echelle

A PALESTINE
ou la
TERRE SAINTE
divisée en dix Tribus
A Paris
Chez le S.r le Rouge
1746
MEDITERRANEE
MER
SYRIE
Damas
TRACONITE
ITURÉE
NEPHTALI
AMMONITE
ZABULON
ISSACHAR
EPHRAIM
BENJAMIN
JERUSALEM
DAN
RUBEN
MADIANITES
SIMEON
JUDA
MER MORTE
MOABITES
Voyage des Israelites
EDOM
AMALECITES
Desert de Sin
Desert de Pharan
ARABIE PETRÉE
TERRE DE TOB
Philadelphie
Rabbat Ammon
Beruth
Sidon Saida
Tyr
Ptolemais
Cesarée de Palestine
Gaza
Samaria
10 Lieues

L'EMPIRE DE PERSE
Paris par le S.r le Rouge
Rue des Augustins.
MER NOIRE
MER CASPIENNE
TARTARIE
PAIS DES USBECS
SAMARCAND
BALCH ROYAUME
PETIT TIBET R.
ARMENIE
TURQUIE
DIARBECK
ARABIE DESERTE
CHUSISTAN
FARSISTAN
KERMAN
MECRAN
GOLFE PERSIQUE
MOGOL
INDES
COUHESTAN
Natolie
Erivan
Tauris
Derbent
Chamaki
Ispahan
Chiras
Bassora
Bagdad
Medine
Candahar
Samarcand

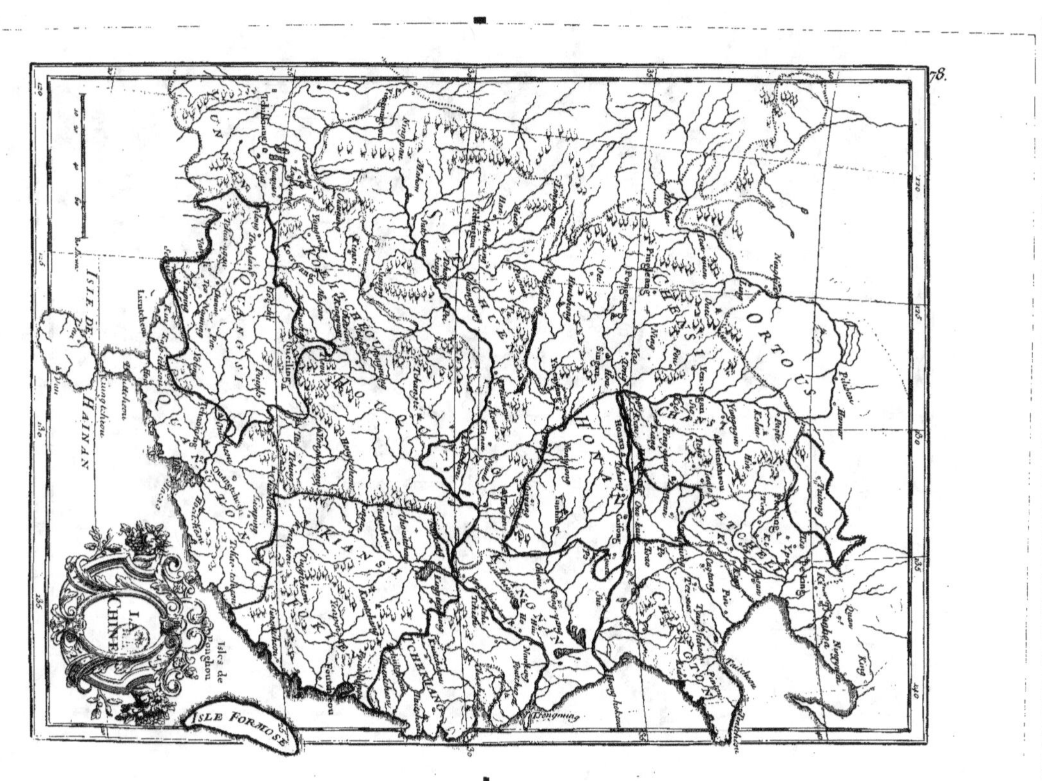

LA CHINE
ISLE DE HAINAN
ISLE FORMOSE
Isles de Pongheou

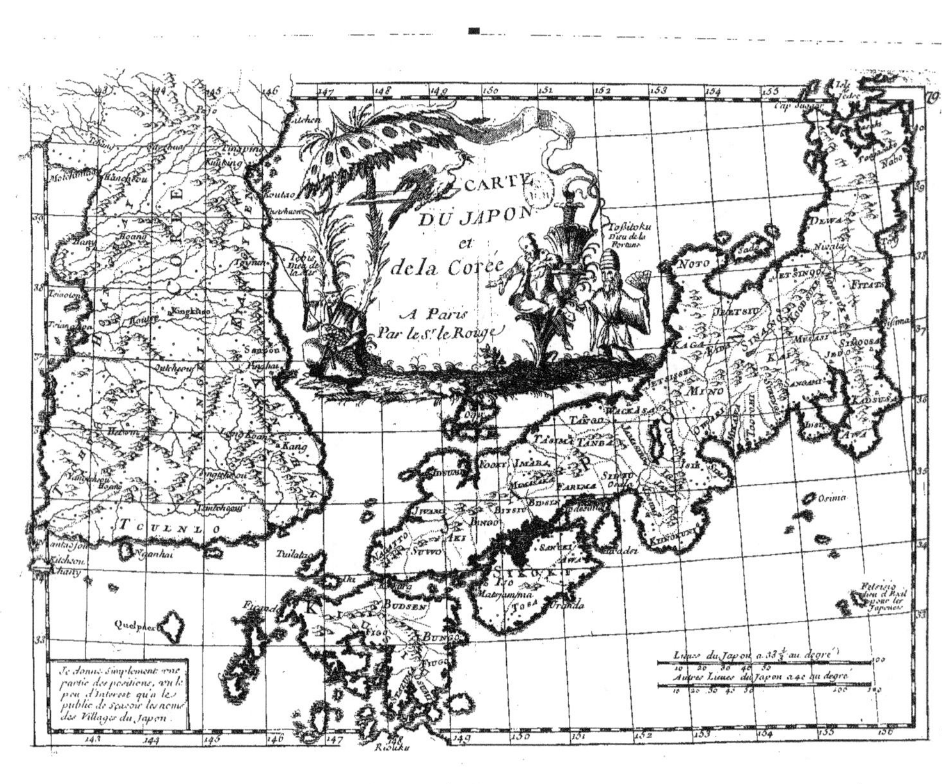

CARTE
DU JAPON
et
de la Corée
A Paris
Par le Sr. le Rouge
Je donne simplement une
partie des positions, vu le
peu d'interest qu'a le
public de sçavoir les noms
des Villages du Japon
Lieues du Japon a 33 ¼ au degré
Autres Lieues du Japon a 4 c au degré

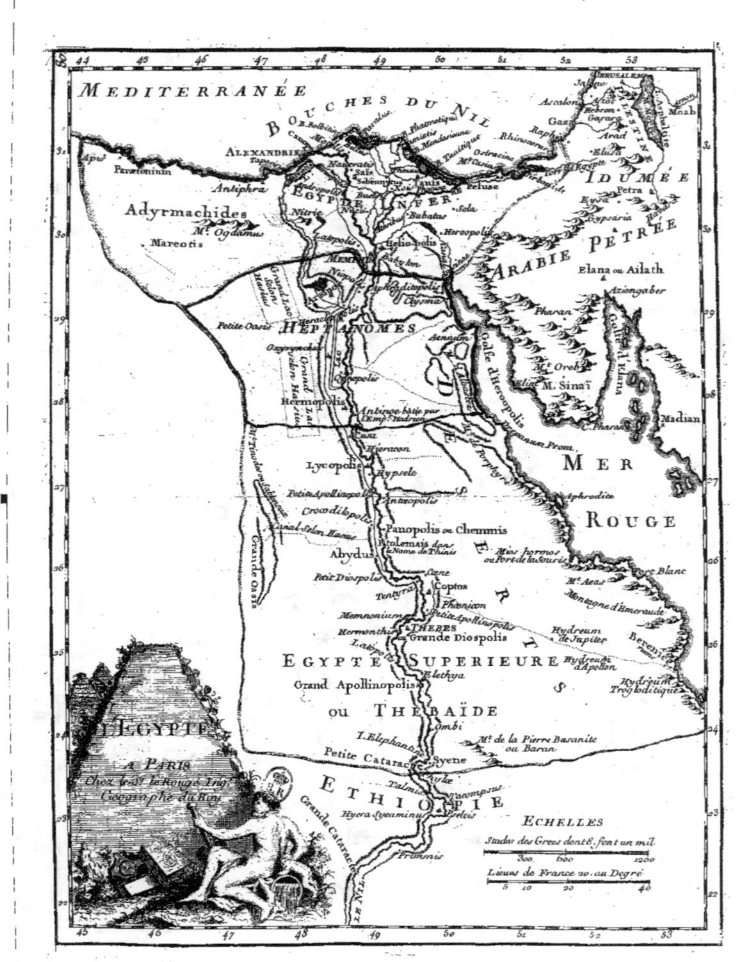

MEDITERRANÉE
BOUCHES DU NIL
ALEXANDRIE
Parætonium
Antiphra
Adyrmachides
Mt Ogdamus
Mareotis
EGYPTE DE INFER
Nitrie
Latopolis
Heliopolis
MEMPHIS
Babylon
Aphroditopolis
Chysma
Petite Oasis
HEPTANOMES
Grand Lac
Salse Mœris
Oxyrynchus
Cynopolis
Hermopolis
Antinoe bâtie par l'Emp.r Hadrien
Hieracon
Lycopolis
Hypsele
Petite Apollinopolis
Crocodilopolis
Antœopolis
Canal Selon Hanne
Panopolis ou Chemmis
Ptolemais dans le Nome de Thinis
Abydus
Petit Diospolis
Tentyra
Coptos
Phænicon
Syene
Memnonium
Petite Apollinopolis
Hermonthi
THEBES
Grande Diospolis
Latopolis
EGYPTE SUPERIEURE
Elethya
Grand Apollinopolis
ou THEBAÏDE
Ombi
Mt de la Pierre Basanite ou Baran
I. Elephantine
Petite Cataracte
Syene
ETHIOPIE
Talmis
Hyera Cyaminus
Grande Catarac.
L E N I L
IDUMÉE
PALESTINE
JERUSALEM
Jabne
Ascalon
Gaza
Raphia
Hebron
Arad
Elusa
Petra
ARABIE PETRÉE
Elana ou Ailath
Aziongaber
Pharan
Mt Oreb
M. Sinaï
C. Pharan
Madian
MER ROUGE
Aphrodite
Mt Aeas
Port Blanc
Montagne d'Emeraude
Hydreum de Jupiter
Bérénice
Hydreum d'Apollon
Hydreum Troglodytiquè
Golfe d'Heroopolis
Golfe d'Elana
Grande Oasis
L'EGYPTE
A PARIS
Chez Mr le Rouge, Ing.r
Geographe du Roi
ECHELLES
Stades des Grecs dont 8. font un mil.
300   600   1200
Lieues de France 20. au Degré
5   10   20   40

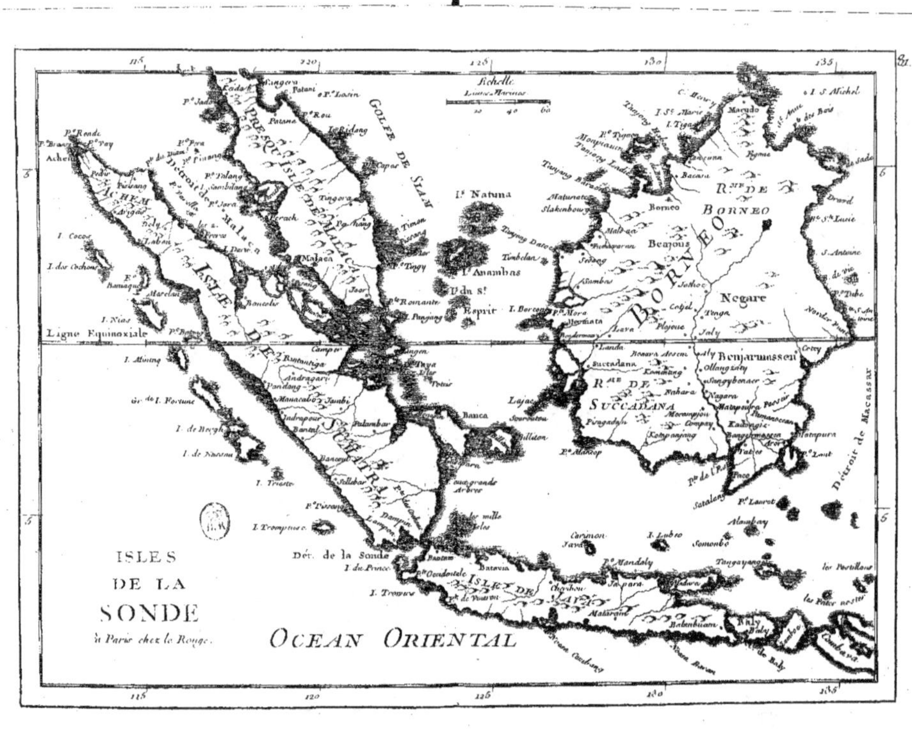

ISLES
DE LA
SONDE
à Paris chez le Rouge.
Echelle
Lieues Marines
20   40   60
GOLFE DE SIAM
PRESQU'ISLE DE MALACA
ISLE DE SUMATRA
OCEAN ORIENTAL
Ligne Equinoxiale
I.s Natuna
L'Anambas
ACHEM
Malaca
BORNEO
R.me DE BORNEO
Beajous
Negare
Benjaruassen
R.me DE SUCCADANA
Détroit de Macassar
ISLE DE JAVA
Détroit de la Sonde
Batavia
Bantam
Bali

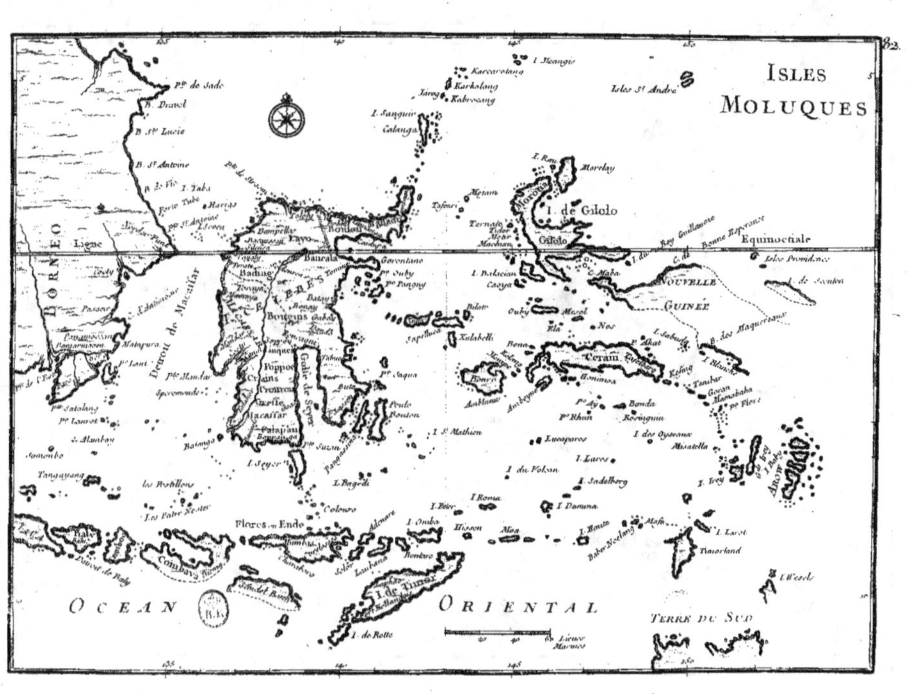

ISLES
MOLUQUES
BORNEO
Ligne
Equinoctiale
NOUVELLE
GUINÉE
I. de Gilolo
Gilolo
Ternate
Tidor
Motir
Machian
CELEBES
Detroit de Macassar
Macassar
I. de Timor
Flores ou Ende
OCEAN
ORIENTAL
TERRE DU SUD
Lieues
Marines

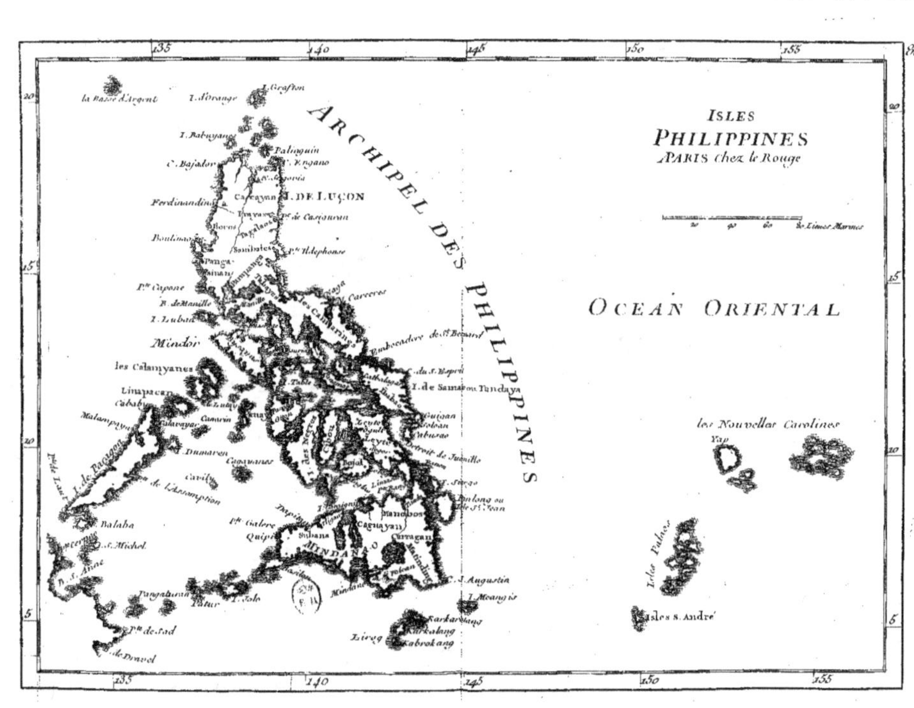
ISLES
PHILIPPINES
Paris chez le Rouge
ARCHIPEL DES PHILIPPINES
OCEAN ORIENTAL
la Basse d'Argent
I. d'Orange
I. Grafton
I. Babuyanes
Palinguin
C. Bajador
P.te Engano
N. Segovia
Cagayann
I. DE LUÇON
Ferdinandina
C. de Casiguran
Bovos
Paylan
Samilatex
P.te Ildephonse
Panga
Sainin
P.te Capone
B. de Manille
I. Lubin
Mindor
les Calamyanes
Carceres
Linapacan
Cababi
Camarin
Malampaya
Balaroyar
Dumaren
Cagayanes
Cavile
de l'Assumption
Balaha
S. Michel
P.te Galere
Quipit
Subana
S. Anne
MINDANAO
Pangatanan
Tatur
I. Solo
Caragan
C. S. Augustin
Mindana
I. Mcang ir
Lirug
Karkarlang
Kabrokang
Embocadure de St Bernard
du S. Esprit
I. de Samar ou Tandaya
Guisan
Loban
Ibusao
Leyte
Detroit de Juanillo
P.te I. de Paragoa
P.te de Sad
de Dravel
Tuidaya
S. Jago
Palang ou de St Jean
Caguayan
les Nouvelles Carolines
Yap
Isles Palaos
Isles S. André

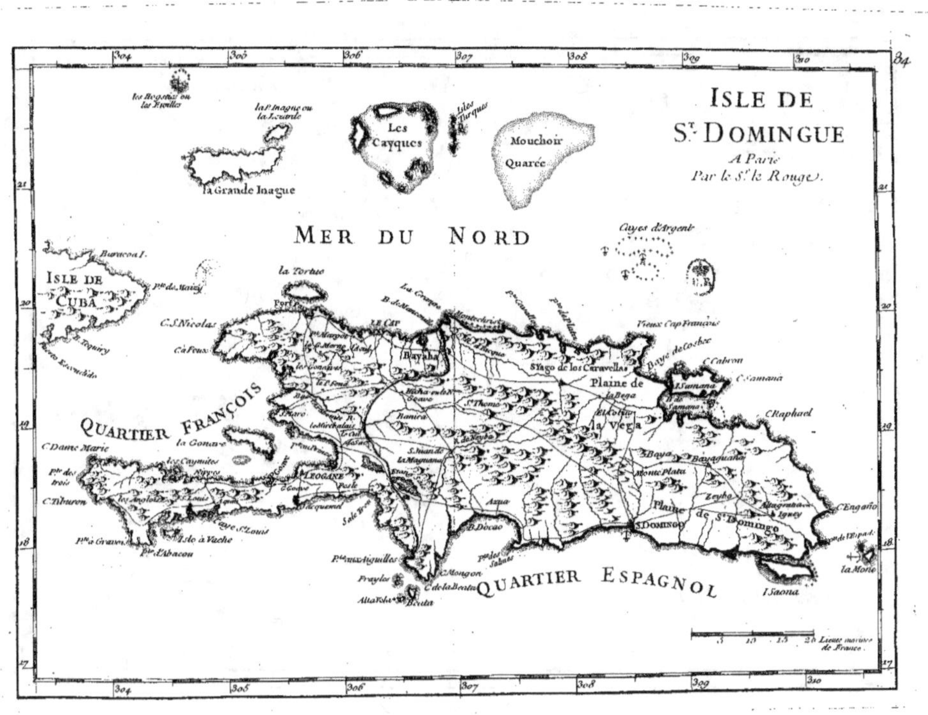

ISLE DE
St DOMINGUE
A Paris
Par le Sr le Rouge.

MER DU NORD

les Heogstat ou les Feuilles
la St Inague ou la Lourde
Les Cayques
Isles Turques
Mouchoir Quarée
la Grande Inague
Cayes d'Argent

ISLE DE CUBA
Baracoa I.
Pte de Maizy
la Tortue
C. S. Nicolas
C à Feux
Port
LE CAP
Bayaha
Monte Christ
Vieux Cap Francois
Baye de Cosbee
C. Cabron
C. Samana
I. Samana
C. Raphael

QUARTIER FRANÇOIS
la Gonave
les Caymites
Nippes
LEOGANE
Petit Goave
C. Dame Marie
Pte des trois
C. Tiburon
les Anglois
Isle à Vache
Caye St Louis
Pte à Gravois
Pte l'Abacon

Stago de los Caravellas
Plaine de la Bega
la Vega
S. Thomas
Baniça
S. Juan de la Magnana
Azua
B. Docao
St DOMINGO
Plaine de St Domingo
Baya
Bayaguana
Monte Plata
Zeyba
Igney
C. Engaño
Isle d'Espad
la Mone
I. Saona

QUARTIER ESPAGNOL
Frayles
C. Mongon
C. de la Beata
AltaVela St Beata
Pte aux Aiguilles
pedos del Sabat

5   10   15   20 Lieues marines de France

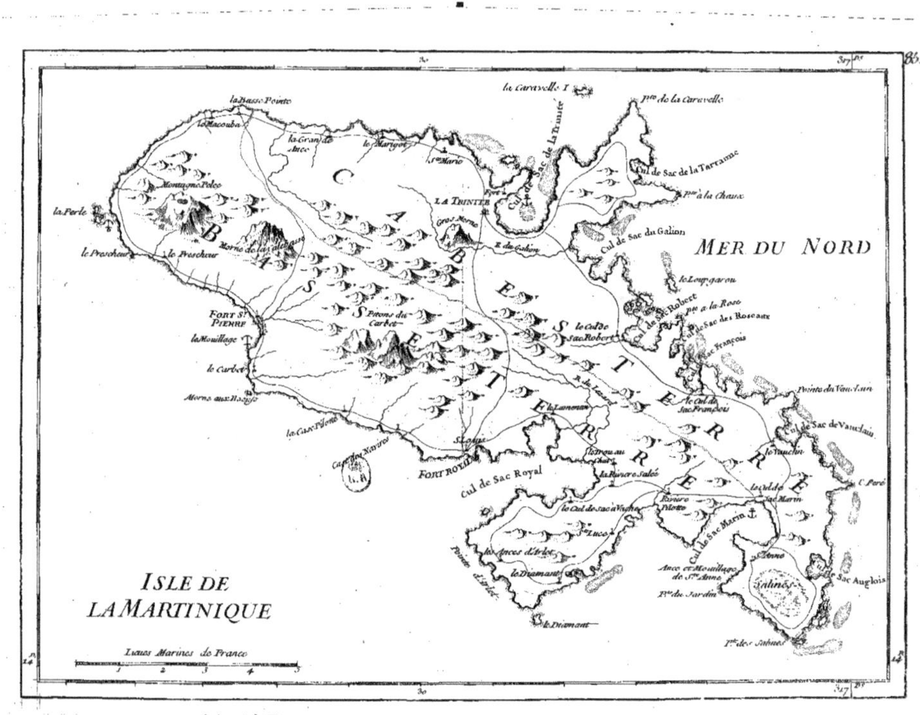

la Caravelle I
P.te de la Caravelle
la Basse Pointe
le Macouba
la Grande Anse
le Marigot
Ste Marie
Cul de Sac de la Trinité
Cul de Sac de la Tarramne
P.te à la Chaux
Montagne Pelée
LA TRINITÉ
Gros Morne
Cul de Sac du Galion
MER DU NORD
la Perle
BASS
Morne de la Calebasse
R. du Galion
le Loup garou
le Prescheur
le Prescheur
Pte Ste Robert
p.te a la Rose
Cul de Sac des Roseaux
FORT St PIERRE
Pitons du Carbet
le Cul de Sac Robert
Sac François
la Mouillage
TERRE
le Carbet
R. du Lorrain
Pointe du Vauclain
Mornes aux Bœufs
R. du Lamentin
le Cul de Sac François
le Sac de Vauclain
la Cas Pilote
le Trou au Chat
le Vauchin
Cap des Navires
S.t Esprit
la Rivière Salée
le Cul de Sac Marin
C. Feré
FORT ROYAL
Cul de Sac Royal
le Cul de Sac à Vache
Rivière Pilotte
Cul de Sac Marin
Ste Luce
Anse et Mouillage de Ste Anne
Sac Anglois
les Ances d'Arlet
le Diamant
Salines
Presqu'ile d'Arlet
Pte du Jardin
le Diamant
Pte des Salines
ISLE DE
LA MARTINIQUE
Lieues Marines de France
1   2   3   4   5

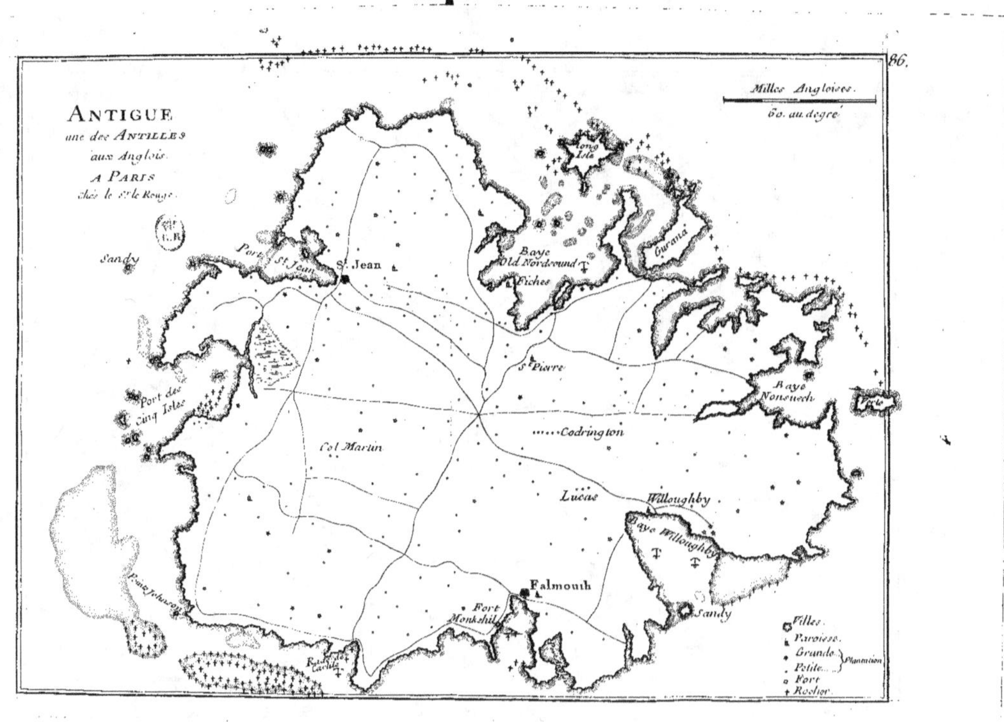

86.
ANTIGUE
une des ANTILLES
aux Anglois.
A PARIS
chés le Sr le Rouge.
Milles Angloises.
60. au degré
Sandy
Port St Jean
St Jean
Port des Cinq Isles
Col Martin
Pte Johnson
Fort Carlile
Fort Monkshill
Falmouth
Long Isle
Baye Old Nordsound
Fiches
Guiana
St Pierre
Codrington
Baye Nonsouch
Lucas
Willoughby
Baye Willoughby
Sandy
Filles.
Paroisse.
Grande
Petite
Fort
Rocher.
Plantation

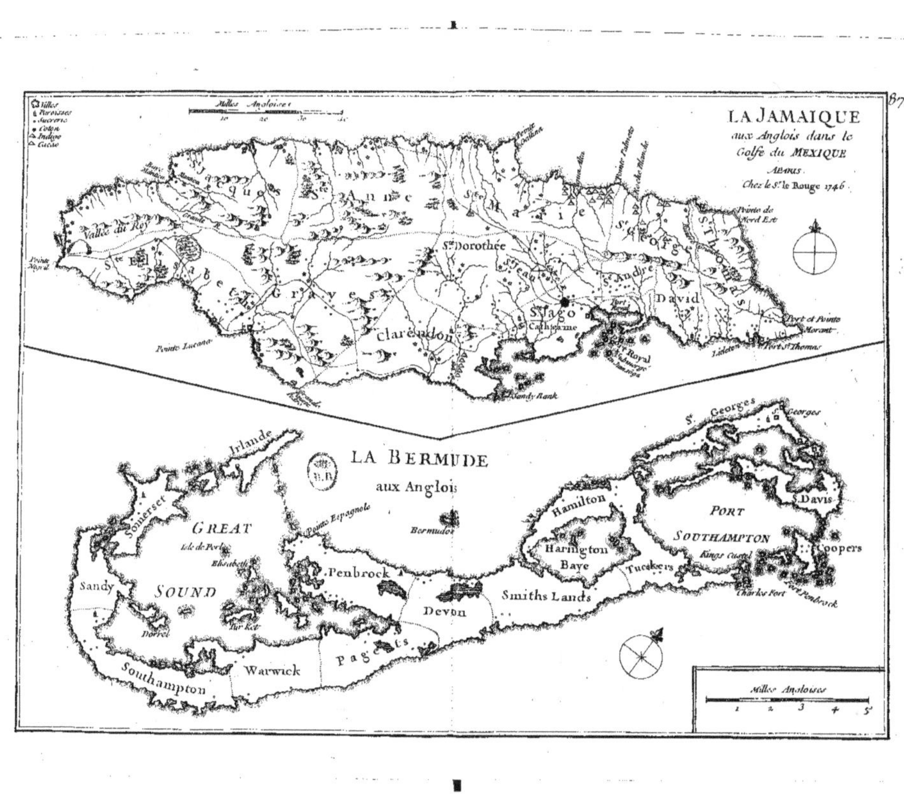
LA JAMAIQUE
aux Anglois dans le
Golfe du MEXIQUE
Abaus.
Chez le S.r le Rouge 1746.
Milles Angloises
Villes
Paroisses
Sucrerie
Coton
Indigo
Caisse
Vallée du Roy
Prince
St.e El
Pointe Negril
Pointe Lucane
Grave
Clarendon
Ann e
St.e Dorothée
Ste
St.o Jago
Cathrine
Sandy Bank
David
Andre
Port Royal
Pointe de Nord Est
Port et Pointe Morant
Port St. Thomas

LA BERMUDE
aux Anglois
Irlande
B.B.
Somerset
GREAT
Isle de Perle
Elisabeth
Pointe Espagnole
Bermudes
Sandy
SOUND
Tur Ket
Dorset
Penbrock
Warwick
Pagents
Devon
Southampton
Smiths Lands
Hamilton
Harrington
Baye
Tucakers
PORT
SOUTHAMPTON
Kings Castel
Charles Fort
St. Georges
Georges
Davis
Coopers
Penbrock
Milles Angloises
1   2   3   4   5

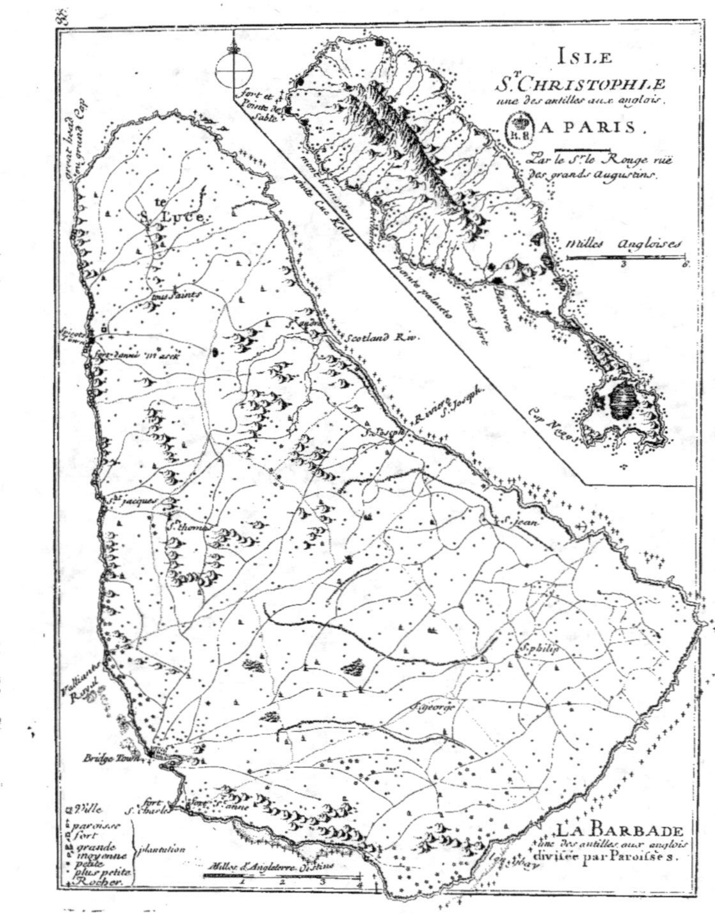
Isle
St CHRISTOPHLE
une des antilles aux anglois.
A PARIS.
Par le Sr le Rouge ruë des grands Augustins.
Milles Angloises
great head ou grand Cap
te S.te Luce
tous Saints
Scotland Riv.
Rivière S.t Joseph.
S.t Joseph
S.t Jacques
S.t Thomas
S.t Jean
S.t Philip
S.t George
Bridge Town
Valliant Royal
fort S.t Charles
plantation
Ste Anne
Milles d'Angleterre 60 stius
Cap Negro
fort et Pointe des Sable
Ville
paroisse
fort
grande
moyenne
petite
plus petite
Rocher.
LA BARBADE
une des antilles aux anglois divisée par Paroisses.

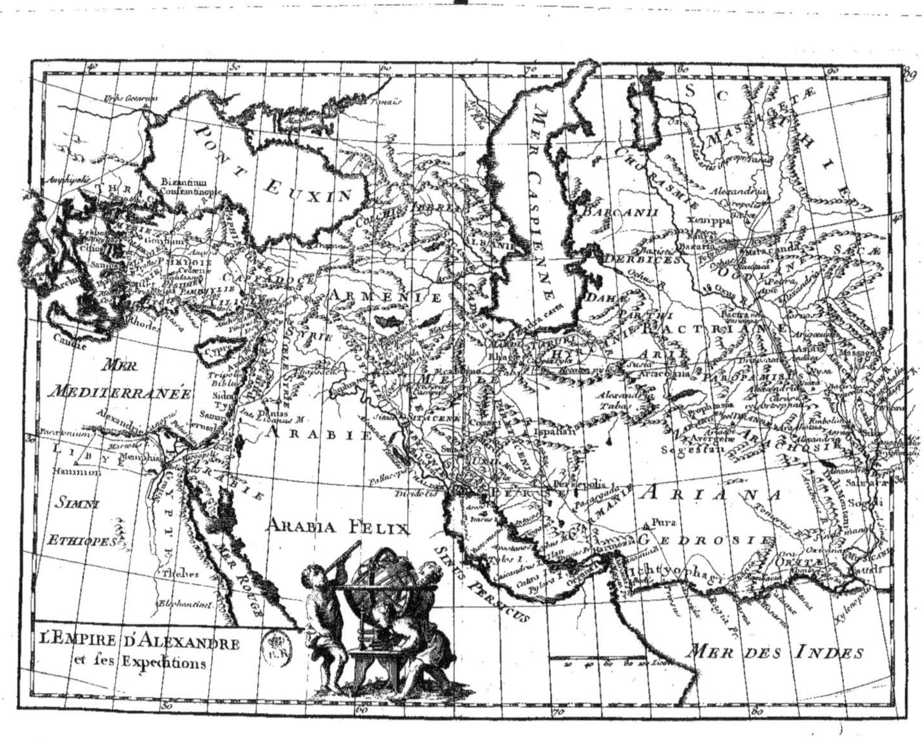

SCYTHIE
MASSAGETÆ
PONT EUXIN
MER CASPIENNE
CHORASME
BARCANII
DERBICES
SACÆ
ARMENIE
THRACE
Byzantium
Constantinople
Amphipolis
CAPPADOCE
SYRIE
Colchide
ALBANIE
BACTRIANE
ARIE
PAROPAMISE
MER MEDITERRANÉE
Candie
Rhodes
ARABIE
ARACHOSIE
Ispahan
Persepolis
ARIANA
LIBYE
SIMNI
ETHIOPES
EGYPTE
Memphis
Hammon
Thebes
Elephantine
MER ROUGE
ARABIA FELIX
GEDROSIE
SINUS PERSICUS
Ichtyophagi
ORITÆ
Pura
L'EMPIRE D'ALEXANDRE
et ses Expeditions
MER DES INDES

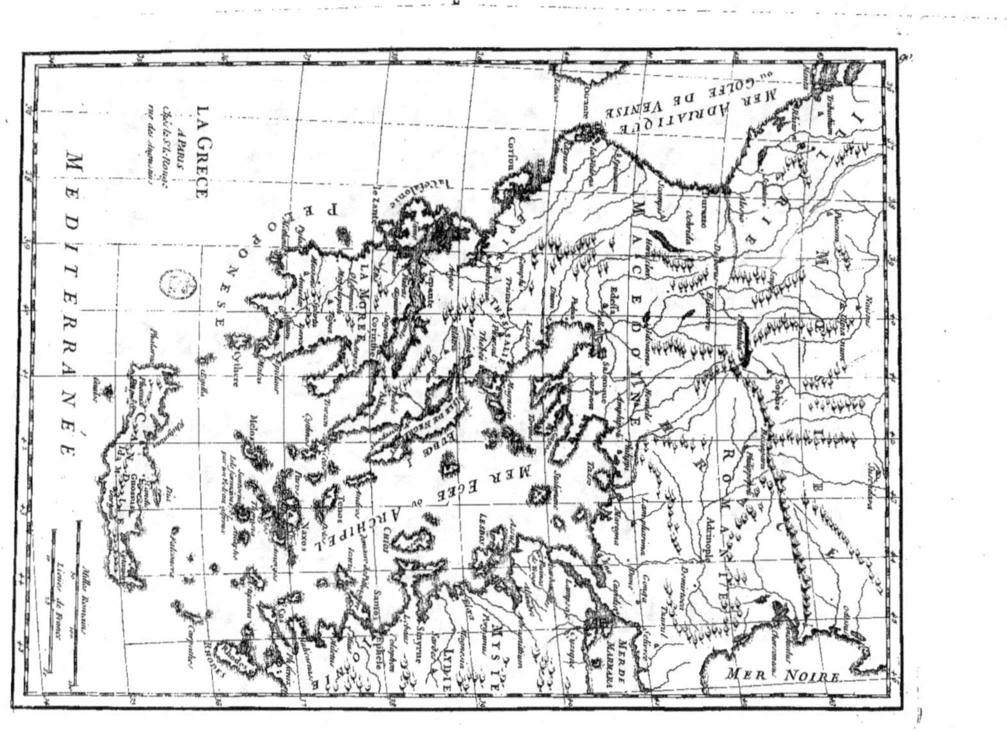

LA GRECE
A PARIS
MEDITERRANÉE
PELOPONESE
MACEDOINE
MER EGÉE ou ARCHIPEL
MER ADRIATIQUE ou GOLFE DE VENISE
MER DE MARMARA
MER NOIRE

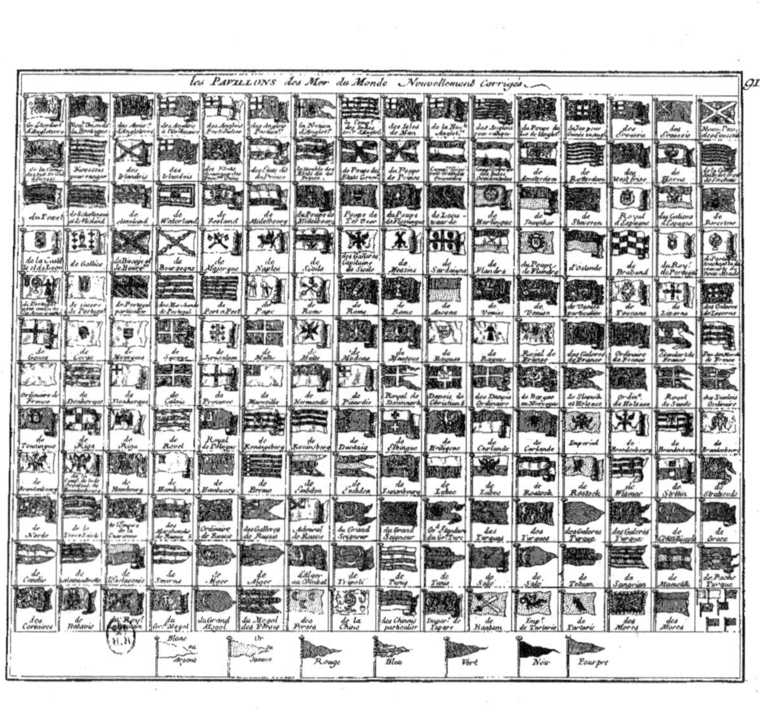

les PAVILLONS des Mer du Monde Nouvellement Corrigés

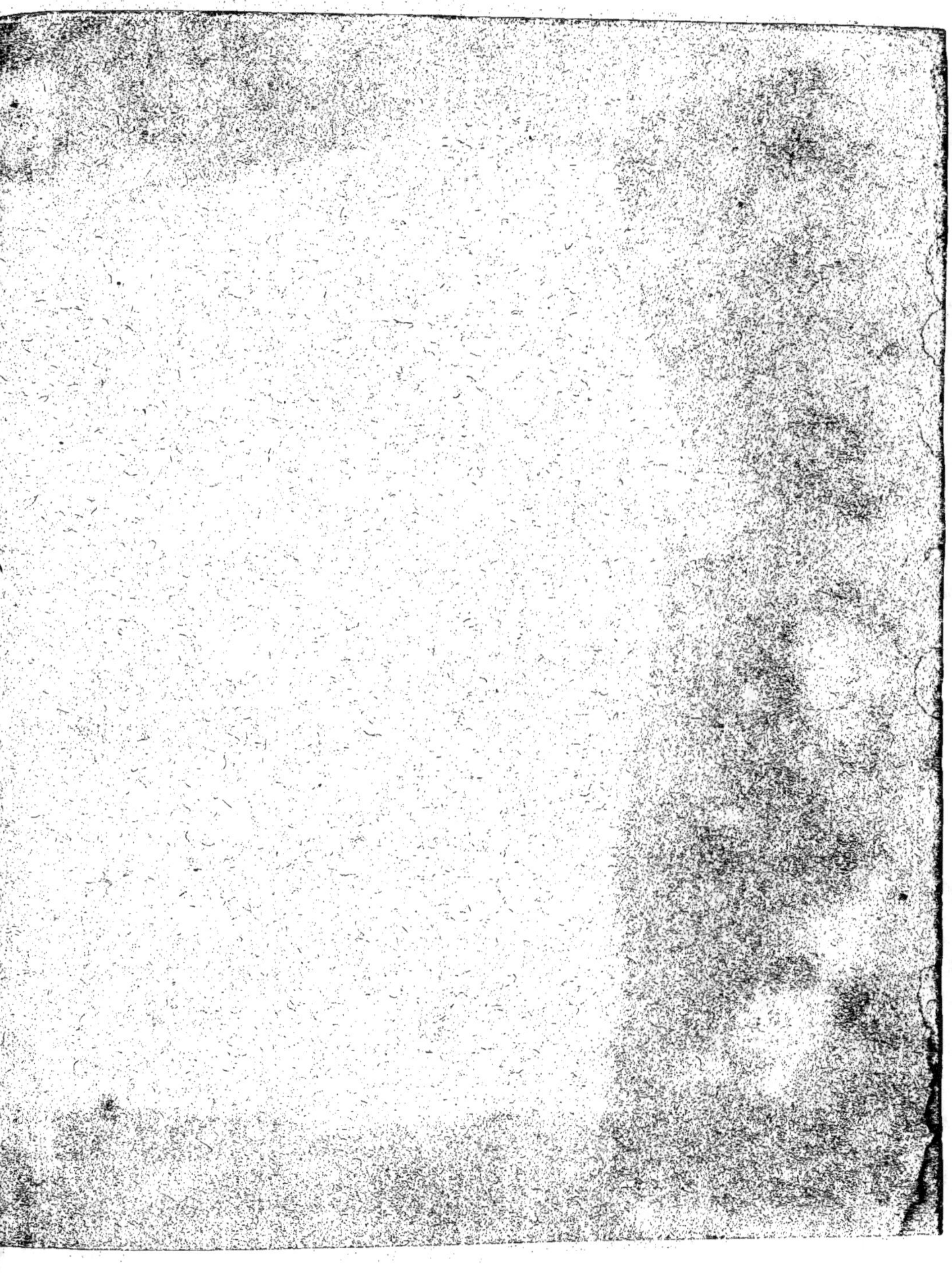

INVENTAIRE
G 5221
INVENTAIRE
G 5221